In Love with

Vegan

DIMITRIA NACOS

Foodfotografie Klaus Arras   **Porträts** Justyna Krzyżanowska

In Love with
Vegan

Inhalt

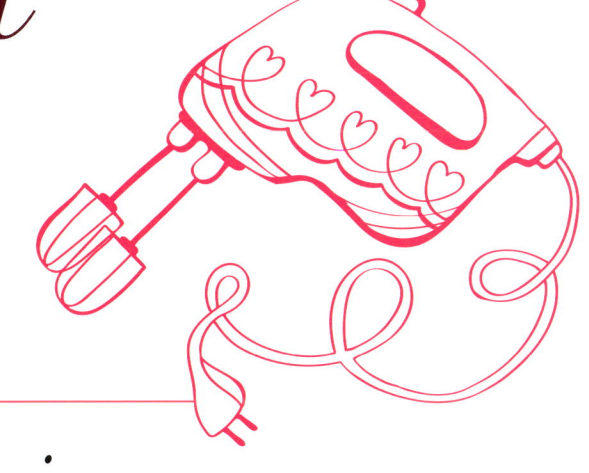

Einleitung // 6

Rezepte à la Dimi

SO, LIEBE NEULINGE UND ALTE HASEN,

herzlich willkommen!

Ich freue mich, dass du dieses Buch in den Händen hältst. Es ist für dich gemacht. Ich ernähre mich seit 13 Jahren vegan und habe über die Jahre viele Rezepte entwickelt oder Klassiker veganisiert. Ich bin sehr glücklich darüber, dass ich damals diese Entscheidung getroffen habe. Ich möchte dich nicht bekehren, schon gar nicht verurteilen. Was ich schreibe, sind meine Erfahrungen und Erlebnisse, die ich mit dir teilen möchte. Wenn ich dir dabei helfen kann, ein Stück weit einen neuen Weg zu beschreiten, bin ich sehr froh. Wenn du schon viel vegane Kocherfahrung hast und ich dir einige Tipps an die Hand geben kann, die noch neu für dich sind, macht mich das ebenfalls zufrieden. Das Tolle an unserem Gehirn ist, dass es ständig dazulernen kann, egal, wie alt du bist. Ich richte mich an dich – egal, wo du jetzt stehst und wie du dich bisher ernährst. Essen ist ein Thema, das uns alle angeht. Es sollte verbinden und nicht trennen. Lasst uns Gemeinsamkeiten finden!

Ich bin schon als kleines Kind gern in der Küche gewesen und habe meinem Vater über die Schultern geschaut. Er ist nicht nur bis heute leidenschaftlicher Koch, sondern hat diese Passion zum Beruf gemacht. Ich habe viel von ihm gelernt und dafür bin ich sehr dankbar. Auch heute kochen wir oft gemeinsam, haben Spaß in der Küche und fachsimpeln über die neuesten Kochtechniken. Auch von Attila Hildmann habe ich viel gelernt, was das vegane Küchenuniversum betrifft. Ich arbeite schon einige Jahre an seiner Seite und habe viel mit ihm zusammen gekocht. Viele meiner Lieblingsrezepte findest du auch in seinen Büchern. Ich kann sie dir sehr empfehlen.

Apropos Empfehlungen: Ich habe keine Werbedeals mit Unternehmen, sondern gebe hier ganz offen einfach meine eigene Meinung und Erfahrung wieder. Es gibt nun mal Produkte, die mir aufgrund ihres Geschmacks oder ihrer Konsistenz besser gefallen als andere. Ich habe in den vergangenen Jahren sehr viel experimentiert und auch diese Ergebnisse teile ich in diesem Buch mit dir. Natürlich ist das meine subjektive Erfahrung, die meinem persönlichen Empfinden und meinem Geschmack entspricht. Doch sie soll keine Werbung für irgendetwas sein, sondern praktische Orientierungshilfe bieten.

Trotzdem wurde ich keine Köchin, sondern studierte Wirtschaftsrecht. Ich bin nun Unternehmerin im Finanz- und Nachhaltigkeitsbereich.

Und warum schreibe ich dann ein Kochbuch? Das fragst du dich wahrscheinlich gerade. Weil es mir eben auch Spaß macht. Weil Kochen zwar nicht mein Beruf, aber meine Leidenschaft ist. Weil das Leben mit der veganen Ernährung meinen Horizont erweitert hat und ich dieses Glück einfach teilen möchte. Auch dich möchte ich ermutigen, die eingetretenen Pfade in deinem Leben zu verlassen, neugierig zu sein auf das Unbekannte. Du kannst nur dazugewinnen. Ich wünsche dir damit fröhliche und geschmacksintensive Stunden. Du darfst auch gern an der einen oder anderen Stelle lachen. Ich habe jedenfalls beim Schreiben viel gelacht.

Kali orexi! Oder: Guten Appetit!

Dimitria Nacos

SO EINFACH GEHT VEGAN

Alltagstauglichkeit: absolut!

FRÜHER WAR ALLES BESSER?
ZEITMASCHINE 13 JAHRE ZURÜCK

Betrachten wir doch mal das Jahr 2003. Ich hatte mich für eine vegane Ernährung entschieden und stürzte voller Tatendrang in den nächsten Bioladen. Tja, leider gab es keine Lebensmittel mit dem Aufdruck „vegan", keine Ecke mit ausschließlich veganen Speisen, raw und glutenfrei – bitte was? Die Verkäufer schüttelten irritiert den Kopf. „Was ist denn vegan?" So eine Frage kam dann meistens. Heute schier unvorstellbar. Wenn ich heute die prall gefüllten Regale mit pflanzlichen Milchalternativen sehe, muss ich schmunzeln. Früher gab es eine Sorte Sojamilch und die schmeckte mir nicht einmal. Vegan existierte faktisch nicht. Und im Restaurant oder Café brauchte ich schon gar nicht auf vegane Speisen oder Getränke zu hoffen. Das war keine leichte Zeit. Auch meine Umwelt war besorgt. War ich jetzt Mitglied einer obskuren Sekte? Vegan – das Wort war furchteinflößend, ja sogar abstoßend. Die Ärzte schüttelten den Kopf. Sich vegan zu ernähren, das sei ja geradezu der Weg in eine Mangelernährung. Es herrschten viele Vorurteile und keiner kannte sich richtig aus. Rückblickend kann ich sagen, dass ich mich quasi zum Versuchskaninchen machte, um mir selbst ein Urteil über die vegane Ernährung bilden zu können. Rat-

geber, Kochbücher, gute Rezepte im Internet? Fehlanzeige! Damals gab es keine sozialen Netzwerke, in denen man sich hätte mit Gleichgesinnten austauschen können. Es gab ein Forum, das war es. Schnell merkte ich aber, dass ich meinen eigenen veganen Weg gehen wollte. Deshalb beschloss ich, in der Küche zu experimentieren und mit den Produkten zu arbeiten, die mir zur Verfügung standen. Das war nicht viel, aber es reichte aus, um mir schmackhafte Speisen zuzubereiten, die mich an meiner Ernährungsform festhalten ließen. Damals merkte ich auch, dass viele Speisen sowieso schon vegan sind, zum Beispiel Nudeln mit Tomatensauce, Kartoffelsalat (ohne Mayo), Linsensuppe, Bohnensuppe, grüne Salate, Bulgursalat, Falafel, Hummus etc. Ich entwickelte ein Gespür für diese natürlichen veganen Gerichte, sodass es mir auch nicht mehr so schwerfiel, draußen zu essen. Bevorzugt aß ich mediterrane, orientalische und asiatische Gerichte. Es gab keine Extrarubrik für vegane Gerichte in den Speisekarten, aber wenn man höflich fragte und erklärte, was man wollte, bekam man es meist auch. Bei meinen ärztlichen Kontrollen musste ich dann auch schmunzeln, wenn mir die Ärzte meine Blutwerte vorlasen und es gar nicht glauben konnten, wie gut die

waren. Es war eine erkenntnisreiche und lehrreiche Zeit. Über jedes neue vegane Produkt in den Läden freute ich mich riesig. Als ich in den USA war und dort schon einige Produkte entdeckte, die es in Deutschland nicht gab, war ich richtig traurig, dass diese Produkte bei uns noch nicht erhältlich waren. Aber ich merkte, es würde nur eine Frage der Zeit sein. Jetzt, 13 Jahre später, sind wir auch schon einen großen Schritt weiter mit der veganen Produktwelt. Trotzdem, da geht noch viel mehr. Und letztlich trägst du jeden Tag mit deiner Kaufentscheidung dazu bei, dass sich etwas verändert in dieser Welt. Oft höre ich den Satz: „Was kann denn ein einziger Mensch schon bewirken?" Ich finde, dass jeder Einzelne von uns sehr viel bewirken kann. Letztlich kann eine Veränderung immer nur bei dir selbst beginnen. Die Produkte werden für die Konsumenten gemacht. Die Gastronomie richtet ihre Speisekarte an den Wünschen der Kunden aus. Warum hat jedes Unternehmen eine eigene Marketingabteilung? Um den Markt und die Wünsche der Kunden zu erforschen. Der Kunde ist König. Wenn du das verstanden hast, dann fordere die Dinge ein, die du haben willst (dieses Prinzip funktioniert übrigens in allen Bereichen des Lebens).

WARUM JETZT DER OPTIMALE ZEITPUNKT FÜR DICH IST, MIT VEGANER ERNÄHRUNG ZU BEGINNEN

Los geht es!

Nun ja, ich ließ mich jedenfalls nicht von meinem Weg abbringen – und siehe da: Es tat sich einiges. Es gibt vegane Supermärkte, vegane Schuhläden, vegane Restaurants, vegane Cafés, vegane Ecken in ganz normalen Supermärkten und jeden Tag kommen neue vegane Produkte auf den Markt. Vegane Kochbücher machen den normalen Kochbüchern den Rang streitig. Sich vegan zu ernähren wird nicht länger als merk-würdig betrachtet, sondern ist sogar schon trendy und hip. Im Internet gibt es tolle Blogs und viel Hilfe-stellung zu veganen Themen. Mittlerweile haben auch viele Mediziner dazugelernt und freuen sich mit dir, wenn deine Blutwerte top sind, anstatt dir weismachen zu wollen, dass du mangelernährt bist. (Vorausgesetzt natürlich, dass du dich vollwertig und gesund vegan ernährst. Chips und Sojapudding sind keine Nahrung für jeden Tag!) Viele Familien stellen auch ihre Ernährung gemeinsam um, sodass du Rückhalt in deiner Familie hast und nicht als Einzelkämpfer durchs Leben ziehst. Du musst auch nicht vegan werden, nur weil du dich aus ethischen Gründen dazu verpflichtet fühlst. Es ist okay, wenn du sagst, dass du dich einfach fitter fühlen willst und die gesundheit-lichen Vorteile für dich nutzen möchtest.

Veganismus ist keine Religion. Ich höre immer wieder den Satz: „Darfst du das denn als Veganer?" Das amüsiert mich, verwundert mich aber auch. Ich bin niemandem zur Rechenschaft verpflichtet, nur mir selbst. Erst einmal darf ich alles tun, was ich will. Es geht nur darum, ob ich auch bereit bin, die Konse-quenzen für mein Tun zu tragen. Ich entscheide mich jeden Tag neu, was ich essen will und was nicht. Ich mache das freiwillig. Niemand kann dich für das verurteilen, was du isst oder was du nicht isst. Es gibt heute immer mehr Menschen, die diese Freiheit für sich beanspruchen und sich nicht von Dogmen das Leben schwermachen lassen. Kant hat gesagt: „Sapere aude!" – Wage es, deinen eigenen Verstand zu benutzen.

Die Vorzeichen stehen also günstig, mal was Neues auszuprobieren und sich auf das vegane Abenteuer einzulassen. Was hast du zu verlieren? Du kannst nur gewinnen. Und wenn es am Ende die Erfahrung ist, dass es nichts für dich ist. Du hast es zumindest probiert und deinen Horizont erweitert.

Es kann jedoch auch sein, dass du begeistert bist und dich fragst, warum du nicht schon viel früher damit begonnen hast. Ich kann nur sagen, dass ich sehr dankbar bin, dass ich meinen Radius erweitert habe. So viele Lebensmittel hätte ich wahrscheinlich nie probiert, wenn ich nicht meine Ernährung auf eine rein pflanzliche umgestellt hätte. Und trotz der vielen Jahre, die ich nun schon dabei bin, entdecke ich immer noch neue Zutaten und freue mich über neue Geschmackserlebnisse.

Vegan überall

Schau dich mal genau um! Das Thema „vegane Ernährung" ist nicht länger ein Mauerblümchen, das unbeobachtet ein trauriges Schattendasein führt. Die großen konventionellen Supermarktketten werben plötzlich mit einer Vielfalt an pflanzlichen Milchalternativen: Es gibt Reismilch, Sojamilch in verschiedenen Geschmacksrichtungen und Mandelmilch. Auch die Drogerie-Discounter führen diverse Pflanzendrinks und bieten zusätzlich auch noch Hafer- und Dinkelmilch an. Ich finde diese Entwicklung hervorragend. Ich kann Zeit sparen und meine Einkäufe bündeln, da ich nicht für jede Zutat ein Spezialgeschäft aufsuchen muss. Das Sortiment in den Bioläden und im Reformhaus hat sich auch enorm erweitert. Hier findest du dann die noch exotischeren Drinks wie Reis-Kokosdrink, Reis-Kokosdrink Ananas, Cashewdrink, Haselnussdrink und auch ungesüßte Varianten von Sojamilch und Mandelmilch. Auch diverse Sojajoghurts und Tofusorten gibt es in den Kühlregalen konventioneller (gut sortierter) Supermärkte. Und die Liste geht noch weiter: pflanzliche Brotaufstriche, Quinoa, Amaranth, Kokoswasser, Kokosöl und sogar Chiasamen.

Aber am liebsten gehe ich in einen gut sortierten Bioladen, denn da finde ich alles, was das vegane Herz begehrt. Die veganen Produkte stehen nicht länger in der hintersten Ecke, sondern damit wird ganz selbstbewusst geworben. Es ist also wirklich nicht schwer, vegane Produkte zu finden. Ich studiere ja gern Zutatenlisten und immer öfter finde ich diesen Hinweis: „Auch für Veganer geeignet." Die vegane Kundschaft ist also schon als eigene Käufergruppe identifiziert worden. Das zeigt, dass die Industrie genau weiß, dass sich eine vegane Ernährung nicht mehr als Randgruppenerscheinung abtun lässt. Und was passiert nun? Produkte werden optimiert und neu hergestellt, um den Markt zu bedienen. Und die Gastronomie zieht auch nach. Im Coffee Shop kannst du ganz selbstverständlich deinen Latte macchiato mit Sojamilch bestellen und mancherorts wird sogar eine Alternative zu Sojamilch angeboten, zum Beispiel Mandelmilch. Es gibt sogar immer mehr komplett vegane Restaurants, Bistros und Cafés. Hier kann ich die App „HappyCow" empfehlen: Sie zeigt dir an, wo sich die nächste vegane Essgelegenheit oder die nächste Juice Bar befindet. Mich freut diese Entwicklung sehr. Ich koche gern, aber manchmal ist es auch schön, sich verwöhnen zu lassen und mit Freunden essen zu gehen. Wenn ich dann früher nur ein paar Salatblätter ohne Dressing bekam und weich gekochte Nudeln mit etwas Tomatensauce, konnte das schon die Stimmung vermiesen. Und wenn du keine veganen Optionen auf der Speisekarte findest, dann trau dich ruhig und sprich die Bedienung an. Wenn du kurz erklärst, was du haben möchtest, ist das meistens kein Problem. (Natürlich sollten die Wünsche nicht zu extravagant sein.) Ich frage zum Beispiel gern nach einem leckeren Pasta-Gericht mit Gemüse der Saison und einer fruchtigen, selbst gemachten Tomatensalsa getoppt mit Pinienkernen oder nach einem leckeren Reisgericht mit frischen Pilzen und Kräutern, das einfach nur in Olivenöl gebraten und mit Cashewkernen garniert wird.

SO KOCHST DU VEGAN UND
KEINER MERKT ES

Vegan kurz erklärt

Der Begriff „vegan" ist eine Wortschöpfung des Engländers Donald Watson. Er gründete 1944 die Vegan Society, eine Abspaltung der englischen Vegetarian Society. Aus dem Wort „vegetarian" kreierte er das neue Wort „vegan", weil Veganismus mit Vegetarismus beginne und ihn zu seinem logischen Ende führe.

1979 definierte die Vegan Society den Begriff „Veganismus" wie folgt: „A philosophy and way of living which seeks to exclude – as far as is possible and practicable – all forms of exploitation of, and cruelty to, animals for food, clothing or any other purpose; and by extension, promotes the development and use of animal-free alternatives for the benefit of humans, animals and the environment. In dietary terms it denotes the practice of dispensing with all products derived wholly or partly from animals."

Es geht hier also um eine Lebenseinstellung. Die vegane Ernährung ist nur ein Teil des Veganismus. Jeder sollte für sich entscheiden, wie weit er diesen Weg beschreitet. Ich finde es schade, dass sich manche Menschen deshalb zerstreiten, weil der eine meint, besser zu sein als der andere. Es gibt keine 100-prozentige vegane Lebensweise. Deshalb konzentriere ich mich hier auf die vegane Ernährung. Den Rest überlasse ich dir.

Sich vegan zu ernähren bedeutet also, auf alle tierischen Lebensmittel zu verzichten. Auf dem Speiseplan stehen weder Fleisch, Fisch, Eier, Milchprodukte noch Honig. Viele Produkte, die vegan sind, sind mittlerweile mit der grünen Veganblume versehen, sodass du nicht erst nach den Zutaten recherchieren musst. Es gibt nämlich auch Produkte, die auf den ersten Blick vegan erscheinen und dann mit tierischen Bestandteilen in Berührung kommen, zum Beispiel Apfelsaft, der mit Gelatine geklärt wird. Lass dich davon nicht abschrecken. Wie ich eingangs schon erzählte: Es ist immer einfacher, sich vegan zu ernähren. Viele Informationen findest du auf den Verpackungen. In veganen Online-Shops oder Supermärkten sind sowieso alle Produkte vegan. Aber auch in Bioläden und Reformhäusern kannst du mittlerweile fast alle veganen Produkte finden. Gemüse, Obst, Hülsenfrüchte, Getreide und frische Kräuter sind sowieso von Natur aus vegan. Ich kaufe wenige Zusatzprodukte, denn vieles braucht man gar nicht, wenn man frisch kocht.

*„Sei du selbst die Veränderung,
die du dir wünschst für diese Welt."*

Gandhi

Veganer Einkaufszettel

Ob du nun auf dem Markt, im Supermarkt, Bioladen oder Reformhaus einkaufst: Achte auf die Frische und Qualität der Produkte! Ja, ich weiß, Qualität hat ihren Preis. Doch denke mal darüber nach, dass du quasi mit der Ernährung deinen Körper am Laufen hältst. Ich kaufe nach dem Motto ein: Weniger ist mehr. Ich überlege, was ich kochen will, und kaufe auch nur diese Produkte ein. Von XXL-Packungen halte ich wenig, da die Hälfte eh meist schlecht wird. Natürlich kannst du dir einen Vorrat anlegen an Pasta (100 % Hartweizengrieß), Reis, Quinoa, Amaranth, Buchweizen und Hirse. Müsli und Haferflocken für mein Frühstück habe ich auch immer griffbereit. Nüsse, Kerne und getrocknete Früchte halten sich auch einige Zeit im Vorratsschrank. Ein paar Konservendosen kannst du auch benutzen – ich habe immer gehackte Tomaten, Linsen, Kidneybohnen und Kichererbsen zu Hause. Die Konserven halten sich sehr lange und Tomaten und Hülsenfrüchte aus der Dose kannst du ruhig verwenden, ohne ein schlechtes Gewissen zu haben.

Meine Lieblingspflanzenmilch steht gut gekühlt im Kühlschrank und für süße Wünsche habe ich süße Sojasahne und Zartbitterschokolade vorrätig. Die frischen Zutaten wie Obst und Gemüse kaufe ich dann ein, wenn ich sie brauche, und auch nur in der Menge, die ich brauche. Der Vorteil ist auch, dass du dann nicht so schwer schleppen musst. Wenn du einen eigenen Garten hast, ist das natürlich noch viel besser.

Dann kommt das Gemüse und Obst ganz frisch auf den Tisch. Leider ist das in der Stadt nicht so einfach mit einem Garten. Für ein paar Kräutertöpfe auf der Fensterbank oder auf dem Balkon ist jedoch in fast jeder Wohnung Platz. Mit diesen Zutaten lassen sich schon sehr viele vegane Gerichte zaubern. Mit folgenden Produkten kannst du deine Pflanzenküche noch etwas erweitern:

TOFU, TEMPEH UND SEITAN

Tofu ist ein Sojabohnenquark und wurde erstmals in China hergestellt, schon vor etwa 2000 Jahren. In der asiatischen Küche ist Tofu ein fester Bestandteil. Wichtig zu wissen: Es gibt festen Tofu und Seidentofu. Letzterer ist sehr weich und eignet sich gut für Desserts und Shakes. Der feste Tofu ist im Geschmack sehr neutral. Daher mögen ihn viele Leute auch nicht. Doch ich sehe diesen neutralen Geschmack als Vorteil. Du kannst den Tofu so würzen, wie du magst. Zum Beispiel kannst du ihn, nachdem er in Salzwasser mit Kräutern und Gewürzen gekocht wurde, in Öl mit mediterranen Kräutern einlegen und durchziehen lassen. Dann schmeckt der Tofu wie Feta. Beim Anbraten ist es wichtig, dass der Tofu erst einmal eine goldbraune Farbe annimmt, damit er die wabbelige Konsistenz verliert, und ihn erst dann zu würzen und Zwiebeln etc. hinzuzufügen. Für die Tofubolognese empfehle ich den Tofu Natur von Viana, da er eine extrafeste Konsistenz hat. Neben dem festen Tofu Natur gibt es noch andere Tofusorten, die schon gewürzt sind. Am bekanntesten ist der Räuchertofu. Er hat einen rauchigen Geschmack und kann auch roh verzehrt werden. Je nach Hersteller gibt es Geschmacksunterschiede. Der Räuchertofu von Viana ist sehr rauchig-würzig und eignet sich hervorragend für Spaghetti Carbonara oder Bratkartoffeln mit „Speck". Etwas milder schmeckt der Räuchertofu von Taifun.

Den brate ich dann auch nicht an, sondern genieße ihn pur mit etwas Senf auf meinem Brot.

Zudem gibt es immer mehr Tofuvarianten, zum Beispiel Tofu mit Oliven, Kräutern, Nüssen, Tomaten. Achte bitte darauf, Tofu immer aus dem Kühlregal zu kaufen. Es gibt auch ungekühlten Tofu, aber der schmeckt mir überhaupt nicht.

Tempeh ist ein fermentiertes Produkt aus Sojabohnen. Durch die Behandlung mit Edelschimmelpilzen reifen die gekochten Sojabohnen zu einer schnittfesten Masse. Tempeh schmeckt sehr gut, wenn es angebraten wird. Dann entfaltet sich der nussige, leicht pilzartige Geschmack.

Seitan ist ein Produkt aus Weizeneiweiß und Wasser. Es hat eine sehr faserige und daher fleischähnliche Konsistenz und wird von vielen als Fleischersatz gefeiert. Du kannst Seitan selbst herstellen (es gibt dazu schon viele Seiten im Internet) oder du kaufst ihn schon fertig im Bioladen oder Reformhaus. In der Tat ist Seitan gut für Gerichte wie veganen Döner geeignet. Ich esse Seitan jedoch sehr selten, da ich die Konsistenz schon zu fleischähnlich finde und ich das Feeling nicht mehr brauche. Aber für den Einstieg in die vegane Küche ist Seitan sicher eine gute Alternative. Wer sich glutenfrei ernährt, der sollte die Finger von Seitan lassen, da es sich um ein Produkt handelt, das sehr viel Gluten enthält.

SOJAMILCH UND CO.

Es gibt sehr viele pflanzliche Milchalternativen. Sojamilch ist wohl die bekannteste. Im Handel wirst du allerdings nur Sojadrink, Reisdrink etc. finden, da Milch ein geschützter Begriff ist. Ich benutze beide Begriffe jedoch gleichwertig, da beides im alltäglichen Sprachgebrauch vorkommt. Es gibt sehr viele Sorten Sojamilch und es lohnt sich, einige zu testen. Manche führen eher zu Blähungen und deshalb empfehle ich die Hausmarke von Alnatura. Bei Sojaprodukten achte ich immer auf Bioqualität, da ich kein genmanipuliertes Soja konsumieren möchte. Es gibt gesüßte und ungesüßte Sojamilch. Und auch Sojamilchsorten mit Vanille- oder Schokogeschmack sind erhältlich. Sojamilch ist gut geeignet für Milchschaum, zum Backen und für Saucen, besonders für Mayonnaise. Sie enthält Sojalecithin. Lecithin kommt vermehrt im Eidotter vor und daher werden Eier für die Bindung, zum Beispiel beim Backen, eingesetzt. Die gleiche Eigenschaft hat das pflanzliche Lecithin. In Sojamilch und Sojamehl ist viel Sojalecithin enthalten. Das sorgt für das Emulgieren von Fetten und Wasser. Des Weiteren gibt es viele pflanzliche Drinks auf Nussbasis: Mandelmilch, Haselnussmilch und Cashewmilch. Diese Milchalternativen sind etwas teurer, aber so lecker! Mandelmilch nehme ich gern für mein Birchermüsli oder für Shakes. Ich kaufe die gesüßte Variante von Alnatura, sie hat einen guten Preis und schmeckt mir sehr gut. Sie hat eine dickere Konsistenz als zum Beispiel Sojamilch oder Reismilch und punktet durch einen edlen, samtigen Geschmack und eine Extraportion Calcium. Die anderen Nussdrinks benutze ich sparsamer und verfeinere damit meine Tees oder Shakes.

Für eine soja-, nuss- und glutenfreie Variante empfehle ich Reismilch. Reismilch ist dünnflüssiger als die anderen Milchalternativen. Reismilch hat von Natur aus eine leichte Süße und ich verwende Reismilch gern für Cerealien und süße Speisen oder trinke auch mal ein Glas eisgekühlte Reismilch mit etwas Zimt. Reismilch ist auch günstiger als Mandelmilch und du kannst sie sogar in den Drogerie-Discountern kaufen, da gibt es keine geschmacklichen Unterschiede bei den Markensorten. Seit einiger Zeit gibt es auch leckere Kokos-Reismilch-Variationen von Provamel – sie schmecken nach Süßigkeiten aus der Kindheit. Die Kokos-Reismilch verwende ich gern zur Herstellung meines Chiagels, da die Chiasamen ja keinen Eigengeschmack haben und ich den Kokosgeschmack liebe.

Es gibt auch noch Hafer-, Hirse- und Dinkelmilch. Hafermilch nehme ich gern für meinen Hafer-Porridge. Hier kannst du auch ruhig die günstigere Sorte kaufen. Wenn du dich glutenfrei ernährst, kann ich dir noch Hirsemilch empfehlen, die findest du im gut sortierten Bioladen. Schmeckt mir sehr gut, besonders der Cereal Swiss Drink Hirse. Hirse enthält viel Silicium, das stärkt das Bindegewebe und ist gut für Haare und Nägel. Ein richtiges Beautygetränk also. Ich finde, die Mischung macht es. Einfach durchprobieren – du wirst sicher deine pflanzliche Lieblingsmilchalternative finden.

SOJASAHNE UND CO.

Früher gab es eine pflanzliche Sahnealternative und das war es. Mittlerweile hast du auch hier die Qual der Wahl. Es gibt pflanzliche Sahnealternativen in Form von Sojasahne, Reissahne und Hafersahne. Reissahne ist glutenfrei. Hier entscheidet sonst hauptsächlich der Geschmack, für welche Sorte du dich entscheidest. Sojasahne nutze ich für Mehlschwitze und Béchamel-

sauce. Das vorhin angesprochene Sojalecithin sorgt auch hier für die Bindung. Wenn es allerdings um Schlagsahne gehen soll, dann kannst du hierfür keine normale Soja-, Reis- oder Hafersahne verwenden. Die kannst du noch so viel aufschlagen, da passiert nichts. Für Schlagsahne gibt es meiner Meinung nach nur ein Produkt und darum erwähne ich es auch so oft. Soyatoo heißt die Wunderwaffe. Es gibt auch hier Varianten, und zwar Soy Whip, Rice Whip und Cocos Whip. Die Soy Whip gibt es auch in der Sprühdose, falls es mal sehr schnell gehen soll. Die Packung muss aber gut gekühlt sein vor dem Aufschlagen. Deshalb lagere ich diese aufschlagbaren Sahnealternativen auch im Kühlschrank. Wenn die Sahne mal richtig fest werden soll, schlage ich sie mit einer Packung Sahnestand (pflanzlich) auf.

SOJAJOGHURT

Auch Joghurtliebhaber kommen auf ihre Kosten. Es gibt sehr viele Sojajoghurtsorten und von Natur bis fruchtig ist alles zu finden. Hier entscheidet wieder einmal der Geschmack. Nach langem Probieren habe ich mein Lieblingsprodukt gefunden: Sojade ist für mich die beste Wahl, da diese Sorte die wenigsten Inhaltsstoffe enthält und sehr cremig ist. Seit Kurzem gibt es im Bioladen auch einen Joghurt aus reiner Kokosmilch in der Kühltheke zu finden, allerdings ist er etwas teurer als die Sojavarianten. Für Sojaquark findest du ein Rezept im Rezeptteil dieses Buches.

Mit diesen Zusatzprodukten kommst du sehr gut aus und kannst sehr viele vegane Gerichte aufpeppen. Natürlich gibt es auch veganen Käse, vegane Wurst und vegane Fleischimitate. Probiere das ruhig mal aus. Ich kann mich damit jedoch nicht anfreunden, da die Produkte für mich zu künstlich sind und keine wertvollen Nährstoffe enthalten.

DIESE KÜCHENGERÄTE MACHEN DIR
DAS LEBEN LEICHTER

Mach es dir leicht!

Die gute Nachricht ist, dass du deine Küche nicht komplett neu ausstatten musst, um die vegane Küche zu erkunden. Wenn du schon vor dem Lesen dieses Buches gern gekocht hast, dann wirst du sicher ein scharfes Messer und das nötige Handwerkszeug zu Hause haben. Ich kann dir darüber hinaus noch einen guten, leistungsstarken Standmixer ans Herz legen. Meiner hat 2 PS (Vitamix Pro 750) und mixt alles, was ich will. Wenn du noch keinen hast, dann achte beim Kauf auf ausreichend Power. Eiswürfel sollte er schon crashen können. Ich habe bei meinem Standmixer einen Stößel, mit dem ich die Masse an den Seiten des Mixers runterschieben kann, sodass alles unters Messer kommt. Okay, dieser Mixer kostet ein kleines Vermögen, ich gebe es zu. Aber er hält ein Leben lang. Du kannst damit Eis machen, Aufstriche, Shakes, Smoothies, Suppen pürieren, einfach alles. Na ja, fast! Bei der Mayonnaise wurde ich eines Besseren belehrt. Hierfür bedarf es eines Stabmixers. Ein Stabmixer muss nicht so teuer sein. Wichtig ist, dass du mehrere Aufsätze hast, damit du auch Sahne aufschlagen kannst. Dann sparst du dir nämlich ein Rührgerät. Wenn du viel backen möchtest und auch für Rohkostdesserts offen bist, empfehle ich dir, in eine gute Küchenmaschine zu investieren, die ein Multisystem anbietet. Damit kannst du viele Arbeitsschritte vereinfachen. Ein weiteres Highlight für die vegane Küche stellt ein Spiralschneider dar. Damit kannst du ganz easy Gemüsespaghetti zaubern, am besten funktioniert es mit Zucchini. Für gesunde Juices empfehle ich dir eine gute Saftpresse, zum Beispiel den Omega Juicer 8226. Ich mache mir damit gern meine grünen Säfte zum Frühstück oder nutze die Saftpresse für meine Saft-Fastenkuren. Ein Gerät, das ich ebenfalls gern benutze, ist der Veggiefino. Damit kannst du pflanzliche Milchalternativen herstellen, die einfach um Längen besser als die gekauften Versionen schmecken. Ein Keimgerät kann ich dir empfehlen, wenn du deine Sprossen selbst ziehen möchtest. Es macht so viel Spaß, das Wachstum der Sprossen zu beobachten und jeden Tag frische Sprossen für das Sandwich oder den Salat zur Verfügung zu haben.

SCHNELL UND GESUND PASSEN GUT ZUSAMMEN

Dein Körper wird es dir danken!

Du willst dich gesund ernähren und denkst, dass du nicht genügend Zeit dafür hast? Es ist wirklich ganz einfach. Morgens gibt es bei mir frischen Obstsalat oder einen Smoothie. Im Winter mache ich mir auch gern einen warmen Hirse-Porridge mit Zimt, das dauert gerade mal fünf Minuten. Oder du bereitest dir schon am Abend ein Birchermüsli zu, dann kann es schön durchziehen und ist noch leichter verdaulich. Mittags bist du im Büro und weißt nicht, was du essen sollst? Wenn du draußen essen gehst, halte Ausschau nach frischen Salaten und gedünstetem Gemüse. Als Beilage kannst du zum Beispiel Reis oder Kartoffeln bestellen. Penne arrabbiata gibt es auch in den meisten Restaurants und gerade in den italienischen Restaurants liebe ich die Antipasti-Theke mit eingelegtem Gemüse. Pizza ist auch kein Problem. Ich bestelle mir einfach eine Pizza mit gebratenem Gemüse und bitte darum, den Käse wegzulassen. Für den Geschmack träufle ich dann noch etwas Chiliöl darüber. Gern bestelle ich mir auch frische Bratkartoffeln, die mit Olivenöl angebraten werden, oder ein Gemüserisotto ohne Butter und Parmesan. Beim Asiaten findest du meistens auch viele Gerichte, die mit Tofu anstatt Fleisch bestellt werden können. Falafel sind genial für einen Snack auf die Hand und Hummus oder Babaganoush esse ich auch sehr gern dazu. In vielen Städten gibt es auch Suppenbars, die meist vegane Suppen im Angebot haben. In Supermärkten findest du oftmals auch schon vegane Snacks to go, zum Beispiel Bulgursalat oder Couscoussalat oder sogar veganes Sushi.

Wenn du abends noch etwas Zeit hast, kannst du dir auch etwas Herzhaftes für den nächsten Tag vorkochen, zum Beispiel einen Bulgursalat, Quinoa, eine Reispfanne oder Nudelsalat. Das schmeckt auch kalt am nächsten Tag noch köstlich. Abends kochst du dir dann eine schnelle Mahlzeit mit viel Gemüse und Eiweiß oder machst dir einen leckeren Salat oder eine wärmende Suppe, das ist sogar noch gut für die Linie. Morgens wie ein Kaiser, mittags wie ein König und abends wie ein Bauer essen, dann hast du keine Probleme mit der Waage. Und für den entspannten Abend vor dem Fernseher mit der Lieblingsserie gibt es geröstete Kichererbsen oder eine pikante Nussmischung. Mach es dir so leicht wie möglich! Je frischer die Zutaten, desto schneller ist das Essen zubereitet. Ein Apfel ist ein toller Snack für zwischendurch. Es muss nicht immer das belegte Brot sein. Du hast die Befürchtung, nicht satt zu werden? Dann iss mal einen Rohkostsalat aus Möhren (Rezept S. 101). Ich verspreche dir, du kannst gar nicht so viel davon essen, da das Sättigungsgefühl schnell eintritt. Das liegt vor allem am langsamen und gründlichen Kauen und an den Ballaststoffen im Gemüse. Auch Nüsse sind ein guter Snack für zwischendurch und geben den Nerven Kraft (es heißt ja nicht umsonst „Studentenfutter"). Oft rührt ein Hungergefühl auch nur daher, dass du nicht genügend getrunken hast. Ich empfehle dir, zwei bis drei Liter stilles Mineralwasser pro Tag zu trinken. Das verhindert bei mir auch lästige Kopfschmerzen am Nachmittag. Wasser ist das wichtigste Transport- und Lösungsmittel in unserem Körper. Es ist nötig, um die

Zellen mit Nährstoffen zu versorgen und Schadstoffe abzutransportieren. Berliner Wissenschaftler stellten übrigens in einer Untersuchung fest, dass bei einem täglichen Wasserkonsum von zwei Litern ungefähr 100 kcal verbrannt werden. Bei kaltem Wasser verstärkt sich der Energieverbrauch sogar noch. Das sind dann pro Jahr drei Kilogramm Fett, die verbrannt werden können. Das finde ich genial. Keine lästige Diät mehr, sondern einfach ausreichend – am besten kaltes – stilles Mineralwasser trinken.

SPASS IN DER KÜCHE

Kochen ist etwas Tolles. Du bist kreativ tätig und kannst alles erschaffen, worauf du Lust hast. Experimentiere doch mal ein bisschen! Was spricht zum Beispiel gegen etwas Rote-Bete-Saft im Brot- oder Pastateig? Oder gegen farbenfrohe Smoothies? Das hebt die Laune und ist sogar noch gesund. Denn je farbenfroher und abwechslungsreicher das Essen ist, desto mehr Vitalstoffe nimmst du über die Ernährung auf. Ich liebe ja Kurkuma und diese intensive gelbe Farbe macht mich fröhlich. Auch die Geschmacksknospen kannst du durch unterschiedliche Gewürze und Kombinationen verwöhnen. Passt nicht? Sag das nicht so schnell! In vielen Feinschmecker-Restaurants werden Erdbeeren mit sehr edlem Balsamico-Essig angeboten. Mich erinnert das an meine Kindheit und saure Pommes. Verlasse einfach mal den Pfad des gewohnten Geschmacks und lass dich überraschen von neuen Geschmackserlebnissen! Noch mehr Spaß macht es, wenn du deine Freunde in deine Küche einlädst und ihr zusammen kocht. Dabei lässt es sich wunderbar reden und das Gemüse schnibbelt sich fast von allein (ab und zu solltest du auch mal auf die Finger schauen). Jeder kann seine Tipps einbringen und kümmert sich um das, was er gut kann. Das Kochen kann dann schon mal ein paar Stunden

dauern, aber die Zeit vergeht wie im Flug und ich habe so schon sehr viele unvergessliche Abende erlebt. Und wenn es etwas intimer sein soll, dann koche doch mal mit deinem Liebsten/deiner Liebsten ein erotisches Menü – das macht gleich Lust auf mehr ...

Wenn du Kinder hast, dann binde sie auch mit ein. Kinder lieben es, in der Küche mitzuhelfen. Ihr könnt zum Beispiel mit Plätzchenformen lustige Motive aus Gemüse oder Pastateig herausstechen. Oder kleine Pizzen backen, die die Kinder selbst belegen können. Verwandle das Kochen in ein Erlebnis. Es ist keine lästige Pflicht, sondern ein Abenteuer. Du weißt nicht, was am Ende herauskommt. Manchmal schmeckt es dir auch nicht oder es misslingt total. Sei dann nicht frustriert, das kann auch mal passieren. Aber es ist noch kein Meister vom Himmel gefallen. Der Weg, nicht das Ziel ist entscheidend. Mach es dir gemütlich in deiner Küche. Besorge dir gutes Equipment. Koche mit frischen Zutaten und abwechslungsreich. Dann freust du dich jeden Tag auf das Kreativsein und das Arbeiten mit den Händen. Und gute Musik darf bei mir in der Küche natürlich auch nicht fehlen.

ENTSPANNT GENIESSEN

Nachdem du dich in der Küche allein oder mit Freunden vergnügt hast, ist es an der Zeit, dein Essen in Ruhe zu genießen. Decke den Esstisch so ein, wie es dir gefällt. Schalte dein Handy stumm und mache den Fernseher aus. Jetzt ist der Moment gekommen, an dem du dein Essen zelebrierst. Jeder Bissen sollte sorgfältig gekaut werden. Nur so entfaltet sich das volle Geschmackserlebnis und das Essen ist so auch leichter verdaulich. Widme dich voll und ganz diesem Moment. Sei dankbar für das Essen und fühle die Leichtigkeit deines Essens. Du hast dich bewusst für eine Mahlzeit ohne Tierleid entschieden. Mich macht das glücklich. Ich werde satt und fühle mich gut. Und kein Tier musste dafür sein Leben opfern. Und das Beste kommt zum Schluss: Du fühlst dich nach dem Essen vital und fit. Die pflanzliche Küche gibt dir einen Energieschub und das Verlangen nach einem Mittagsschlaf entfällt. Leider sieht die Realität bei vielen Menschen oft anders aus und das Essen wird unachtsam eingeworfen. Die Folge sind dann oft Magen- und Darmbeschwerden. Probiere es einfach mal aus und nimm dir genügend Zeit für dein Essen. Auch wenn du draußen isst. Du bist der Meister über deine Zeit.

Auch wenn du morgens keine Zeit für ein langes Frühstück hast, setze dich hin und genieße deinen 1-Minute-Shake. Tanke Kraft für den Tag und fokussiere deine Aufmerksamkeit ganz auf dich. So hast du schon zwei Dinge gleichzeitig erledigt, nämlich gefrühstückt und meditiert. Auch mit Freunden oder deiner Familie macht es mehr Spaß, sich Zeit für das Essen zu nehmen und es zusammen zu genießen. In vielen Ländern im Mittelmeerraum ist das eh Usus. Da dauert ein schönes Essen schon mal ein paar Stunden. Auf Kreta leben die Menschen sehr lange. Das liegt zum einen an den guten Zutaten, die verwendet werden, wie frische Kräuter, Oliven und kalt gepresstes Olivenöl, zum anderen aber auch an der entspannten Lebenshaltung. Stress ist heutzutage der Verursacher vieler Krankheiten. Entschleunige doch einfach mal und mache öfter einen Slow-Food-Tag. Du wirst auch diesen Unterschied spüren.

LET US GET STARTED

Ich kann es nicht oft genug sagen: Nobody is perfect. Auch nicht in der Küche. Kochen ist kein Hexenwerk. Du kannst das auch. Fange mit leichten Dingen an und freue dich über das leckere Ergebnis. Und wenn es mal nicht so klappt, wie du es dir vorgestellt hast, dann lache und lasse dich nicht verunsichern. Ich hatte Tage, da musste ich eine Mayonnaise dreimal wieder-holen, bevor sie fest wurde. Da sind mir Muffins verbrannt, weil ich den Backofen nicht auf Umluft, sondern Grillen eingestellt habe. Das passiert, das ist normal und gar nicht schlimm. Und lasse dich nicht von den Nein-Sagern da draußen verunsichern. Nein, das kannst du nicht. Nein, das schmeckt doch nicht. Nein, das ist doch keine ausreichende Mahlzeit. Höre nicht auf diese Stimmen! Gehe deinen Weg und lasse dir nichts einreden. Leider gibt es immer mehr schlechtes Feedback als gutes, gibt es mehr Neider als Supporter. Wenn du dich vegan ernähren willst, wirst du leider immer noch auf viele Vorurteile stoßen. Bilde dir deine eigene Meinung!

Ich möchte dich jetzt einladen auf eine kulinarische Reise. Hab Spaß dabei, genieße es und fühle dich so gut wie noch nie! Wer nicht wagt, der nicht gewinnt.

Was gegen alle Vorurteile hilft: Probieren!

easy
START
in den Tag

Chia Bircher-Style

ZUBEREITUNGSZEIT 35 MINUTEN
FÜR 2 PERSONEN

Chiagel

3 EL Chiasamen

220 ml Reismilch

1 EL Agavendicksaft

Birchermüsli

100 ml Mandelmilch

7 EL Haferflocken

60 g Apfel, gerieben

25 g Walnusskerne

1 EL Agavendicksaft und etwas
    zum Beträufeln

140 g Blaubeeren

100 g Himbeeren

60 g Crunchy-Müsli

1 Für das Chiagel die **Chiasamen** in eine kleine Schüssel geben, mit der **Reismilch** übergießen und **Agavendicksaft** hinzufügen. Alles gut verrühren. Circa 30 Minuten quellen lassen und gelegentlich umrühren. **2** Für das Birchermüsli in der Zwischenzeit die **Mandelmilch** in eine Schüssel gießen und mit den **Haferflocken** vermengen. **Apfel** in das Müsli geben. **Walnusskerne** mit den Händen zerbröseln und unterheben. Mit **Agavendicksaft** abschmecken und alles verrühren. Circa 5 Minuten ziehen lassen. **Blaubeeren** und **Himbeeren** waschen und behutsam trocken tupfen. **3** Die Zutaten in folgender Reihenfolge in zwei hohe Gläser schichten: Birchermüsli, Blaubeeren, Chiagel, **Crunchy-Müsli,** Himbeeren und Blaubeeren. Zum Schluss mit etwas **Agavendicksaft** beträufeln.

TIPP *Das ist ein sehr gesundes und leckeres Frühstück. Das Müsli gibt dir Power für den Tag und das Chiagel versorgt dich mit Omega-3- sowie Omega-6-Fettsäuren. Die kann der Körper nicht selbst bilden, weshalb sie über die Nahrung aufgenommen werden müssen.*

Cashew Cream Cheese Variations

ZUBEREITUNGSZEIT 10–15 MINUTEN // EINWEICHZEIT ÜBER NACHT
FÜR CA. 300 G

Schnittlauch-Cream-Cheese

200 g Cashewkerne, über Nacht
in Wasser eingeweicht
2 EL Sojacreme Cuisine
2 EL Sojajoghurt
1 EL Zitronensaft
20 g Pflanzenmargarine
½–1 TL Salz
15 g Schnittlauch

Paprika-Cream-Cheese

200 g Cashewkerne, über Nacht
in Wasser eingeweicht
½ rote Paprikaschote
2 EL Sojacreme Cuisine
2 EL Sojajoghurt
20 g Pflanzenmargarine
1 EL Zitronensaft
½ TL scharfes Paprikapulver
½–1 TL Salz

1 Für den Schnittlauch-Cream-Cheese die eingeweichten **Cashewkerne** in einem Sieb abtropfen lassen. In einen starken Standmixer geben. **Sojacreme, Sojajoghurt, Zitronensaft,** 60 ml Wasser und **Pflanzenmargarine** hinzufügen und alles zu einer cremigen Masse mixen. Mit **Salz** würzen (milder mit ½ TL und kräftiger mit 1 TL). **Schnittlauch** waschen, trocken tupfen, fein schneiden und zur Masse in den Mixer geben. Nochmals durchmixen. **2** Für den Paprika-Cream-Cheese die eingeweichten **Cashewkerne** in einem Sieb abtropfen lassen. **Paprikaschote** waschen, entkernen und die Haut mit einem Sparschäler abziehen. Grob hacken. Cashewkerne und Paprika in einen starken Standmixer geben. Alle weiteren **Zutaten** und 50 ml Wasser hinzufügen. Alles zu einer cremigen Masse mixen.

*„Gib jedem Tag die Chance, der
schönste deines Lebens zu werden.“*

Mark Twain

Chia meets Chocolate

ZUBEREITUNGSZEIT 35 MINUTEN
FÜR 2 PERSONEN

Chiagel

3 EL Chiasamen
200 ml Sojadrink Schoko

Müslimischung

120 g Müsli
160 ml Sojamilch
80 g vegane Schokolade
2 kleine Bananen

1 Für das Chiagel die **Chiasamen** in eine kleine Schüssel geben und mit dem **Sojadrink Schoko** übergießen. Immer wieder mal umrühren und ca. 30 Minuten quellen lassen. **2** Für die Müslimischung in der Zwischenzeit das **Müsli** in eine kleine Schüssel geben, mit **Sojamilch** übergießen, verrühren und dann 5 Minuten quellen lassen. Die **Schokolade** in kleine Stücke brechen und mit einem Messer klein hacken. 50 g davon unter das Müsli heben. Die **Bananen** schälen und in kleine Scheiben schneiden. **3** Die Zutaten in folgender Reihenfolge in zwei Gläser schichten: Je 2 EL Chiagel hineingeben. Dann die Hälfte des Müslis darauf verteilen und die Hälfte der Bananenscheiben hineinsetzen. Nun in derselben Reihenfolge jeweils die Reste von Chiagel, Müsli und Bananenscheiben einschichten. Zum Schluss mit den restlichen Schokostückchen toppen.

TIPPS   *Das Chiagel kannst du schon am Vortag zubereiten, es hält sich etwa 5 Tage in einem gut verschlossenen Gefäß im Kühlschrank.*
Wenn du keine vegane Schokolade hast, verwende einfach Zartbitterschokolade. Die ist auch sehr lecker und noch kalorienfreundlicher.

Easy Spice-Bread

♥

ZUBEREITUNGSZEIT 1 STUNDE 15 MINUTEN
FÜR 1 BROT (30-CM-STUTENKASTENFORM)

500 g Dinkel-Vollkornmehl

50 g Walnusskerne

50 g Sonnenblumenkerne

60 g Leinsamen mit Pflaume und Datteln

2 TL ganzer Kümmel

1 TL gemahlener Mohn

1 TL Kurkuma

2 TL Salz

2 EL Brottrunk

1 Würfel Frischhefe

1 **Dinkel-Vollkornmehl** in eine große Rührschüssel geben. **Walnusskerne** fein hacken und mit **Sonnenblumenkernen, Leinsamen, Kümmel, Mohn, Kurkuma** und **Salz** hinzufügen. **Brottrunk** hineingießen und alles vermischen. Die **Frischhefe** in eine Schale mit 450 ml lauwarmem Wasser bröseln und ganz darin auflösen (am besten mit den Händen). **2** Das Hefewasser in die Rührschüssel geben und alles zu einem Teig verkneten (mit der Hand oder mithilfe einer Maschine). Eine Stutenkastenform mit Backpapier auskleiden und die Teigmasse hineinfüllen. In den kalten Backofen stellen. Den Ofen auf 200 °C Ober-/Unterhitze (180 °C Umluft) einstellen. Nach ca. 60 Minuten das Brot aus dem Ofen nehmen und 1 Stunde abkühlen lassen. Anschließend aus der Form nehmen.

TIPPS *Dieses Brot kann jeder backen. Es ist so einfach und geht so schnell! Denn der Teig wird nach dem Kneten sofort in die Form gefüllt und muss vor dem Backen nicht gehen. Auch der Backofen wird nicht wie sonst üblich vorgeheizt. Am besten schmeckt mir das Brot am nächsten Tag. Dann hat es eine schöne feste Konsistenz.*

Die Gewürze kannst du variieren. Ich habe diese Leinsamenmischung mit Pflaume und Datteln im Bioladen entdeckt und finde sie sehr passend. Natürlich kannst du auch normale Leinsamen verwenden.

Hirse-Porridge

ZUBEREITUNGSZEIT 10 MINUTEN
FÜR 1 PERSON

40 g zarte Haferflocken

40 g Hirseflocken

300 ml Hafermilch

½ Apfel

½ TL Zimt

2 EL Ahornsirup

1 **Haferflocken** und **Hirseflocken** in einen kleinen Topf geben und mit der **Hafermilch** aufgießen. Bei mittlerer Hitze unter Rühren zum Kochen bringen. Topf vom Herd nehmen. **Apfel** schälen, fein raspeln und mit **Zimt** und **Ahornsirup** zum Brei geben. Gut vermischen. **2** In eine tiefe Schale füllen und noch warm genießen. Nach Belieben frische Früchte oder getrocknete Datteln dazugeben.

*„Aus meiner tiefsten Seele
zieht mit Nasenflügelbeben
ein ungeheurer Appetit
nach Frühstück und nach Leben.“*

Joachim Ringelnatz

Münchner Schnitte „Zünftige Brotzeit"

ZUBEREITUNGSZEIT 15 MINUTEN
FÜR 4 SCHNITTEN

2 große Schalotten

200 g Sonnenblumenkerne

100 ml Olivenöl und etwas
zum Beträufeln

1 ½ EL Tomatenmark

1 EL Zitronensaft

1 TL ganzer Kümmel

Salz

schwarzer Pfeffer aus der Mühle

160 g Räuchertofu

4 Radieschen

6 etwas größere Kirschtomaten

1 Handvoll Basilikumblätter

4 Scheiben Vollkornbrot

4 TL Senf

1 Für den Tomaten-Kümmel-Aufstrich eine **Schalotte** schälen und grob hacken. **Sonnenblumenkerne**, 80 ml Wasser und 100 ml **Olivenöl** in einen starken Standmixer geben und zu einer cremigen Masse mixen. Mit Schalotten, **Tomatenmark, Zitronensaft** und **Kümmel** nochmals durchmixen und mit **Salz** und **Pfeffer** würzen. 2 **Räuchertofu** in acht 5 mm dicke Scheiben (6–7 cm × 4 cm) schneiden. **Radieschen** putzen, waschen und in dünne Scheiben schneiden. **Kirschtomaten** waschen und in Scheiben schneiden. Die zweite **Schalotte** schälen und in dünne Ringe schneiden. **Basilikumblätter** waschen und trocken tupfen. 3 Die **Vollkornbrotscheiben** mit Tomaten-Kümmel-Aufstrich bestreichen. Darauf ein paar Tomatenscheiben, Basilikumblätter (vier für die Garnitur zurückhalten), je zwei Scheiben Räuchertofu, 1 TL **Senf** (aufgestrichen), Radieschenscheiben, nochmals Tomatenscheiben und Schalottenringe schichten. Mit **Salz** und **Pfeffer** würzen und on top ein **Basilikumblatt** legen. Mit etwas **Olivenöl** beträufeln.

TIPP *Ich mag es morgens manchmal auch herzhaft. Da kommt diese zünftige Brotzeit gerade richtig. Der Tomaten-Kümmel-Aufstrich lässt sich luftdicht verpackt ein paar Tage im Kühlschrank aufbewahren. Die Oberfläche wird dann etwas fest, aber du kannst ihn trotzdem noch gut essen.*

Quinoa-Ananas-Wake-up-Call

ZUBEREITUNGSZEIT 10 MINUTEN
FÜR 2 PERSONEN

40 g gepuffte Quinoa
200 g Sojajoghurt
1 reife Banane
2 EL Agavendicksaft
200 g Ananasfruchtfleisch
100 g Blaubeeren

1 Die **Quinoa** in eine kleine Schüssel geben und mit dem **Sojajoghurt** vermengen. Ein paar Minuten quellen lassen. Die **Banane** schälen und in kleine Stücke hacken. Zur Quinoamasse geben und mit **Agavendicksaft** abschmecken. **Ananas** in kleine Würfel schneiden. **Blaubeeren** waschen und abtropfen lassen.

2 Zutaten in folgender Reihenfolge in zwei Gläser schichten: die Hälfte der Quinoamasse, die Hälfte der Ananaswürfel, restliche Quinoamasse und restliche Ananaswürfel. Mit den Blaubeeren toppen.

TIPPS   *Quinoa gibt es von mehreren Anbietern jetzt auch in gepuffter Form.*
Die Ananas sollte schön reif sein, damit sie süß und fruchtig schmeckt. Ansonsten kannst du mit Agavendicksaft nachsüßen.

Räuchertofu-and-Friends-Schnitte

ZUBEREITUNGSZEIT 10 MINUTEN
FÜR 4 SCHNITTEN

Aufstrich

300 g vorgegarte Rote Bete (Vacupack)

1 Schalotte

40 g Cornichons

100 g Sonnenblumenkerne

1 EL Zitronensaft

2 Msp. Meerrettich aus dem Glas

Salz

Belag

160 g Räuchertofu

ca. 8 Blätter Eichblattsalat

1 Fleischtomate

8 Minicornichons

4 Scheiben Vollkornbrot

4 EL Remoulade (Rezept S. 123)

Salz

schwarzer Pfeffer aus der Mühle

1 Für den Aufstrich die **Rote Bete** abtropfen lassen und in grobe Würfel schneiden. Die **Schalotte** schälen und grob hacken. Die **Cornichons** grob hacken. Zusammen in einem starken Standmixer durchmixen. **Sonnenblumenkerne, Zitronensaft, Meerrettich** und **Salz** hinzufügen und zu einer cremigen Masse mixen. **2** Für den Belag den **Räuchertofu** in acht 5 mm dicke Scheiben (6,5 cm × 4 cm) schneiden. **Eichblattsalat** waschen und trocken schleudern. **Fleischtomate** waschen und in Scheiben schneiden. Die **Minicornichons** in feine Scheiben schneiden. **3** Die **Vollkornbrotscheiben** von einer Seite mit Rote-Bete-Aufstrich bestreichen. Dann in folgender Reihenfolge jeweils aufschichten: eine Vollkornbrotscheibe, ein bis zwei Salatblätter, zwei Scheiben Räuchertofu, 1 EL **Remoulade,** zwei Scheiben Tomate, etwas **Salz** und **Pfeffer,** Rote-Bete-Aufstrich und Cornichons.

TIPPS *Wenn du nicht den ganzen Rote-Bete-Aufstrich verwendest, kannst du ihn auch ein paar Tage luftdicht verschlossen im Kühlschrank aufbewahren.*
Man kann Räuchertofu in etwas Olivenöl auf jeder Seite etwa 2–3 Minuten kross anbraten, dann erhält er zusätzlich schöne Röstaromen. Als Abschluss bietet sich noch eine Scheibe Vollkornbrot on top an – und schon hat man ein Sandwich.

Süßer Buchweizen

♥

ZUBEREITUNGSZEIT 15 MINUTEN
FÜR 2 PERSONEN

100 g Buchweizen

100 ml Reis-Schlagcreme (Soyatoo),
    sehr gut gekühlt

150 g Erdbeeren

1 EL Agavendicksaft

1 Msp. Bourbon-Vanillepulver

40 g Walnusskerne

1 EL Ahornsirup

Erdbeerscheiben und Minzblätter
    zum Garnieren

1 **Buchweizen** in eine Pfanne geben und bei kleiner Hitze kurz anrösten, bis er etwas Farbe annimmt und sein Aroma entfaltet. 2 Buchweizen in einen kleinen Topf geben und 200 ml kaltes Wasser angießen. Bei hoher Hitze zum Kochen bringen. Dann den Deckel auf den Topf geben und 6 Minuten bei kleiner Hitze weitergaren. Topf vom Herd nehmen und den Buchweizen behutsam umrühren und ruhen lassen. 3 **Reis-Schlagcreme** in ein hohes Rührgefäß geben und mit einem Rührgerät aufschlagen. **Erdbeeren** putzen, waschen, trocken tupfen und halbieren. Dann in eine große Schüssel geben und die Reissahne hinzufügen. Behutsam vermengen. **Agavendicksaft** und **Bourbon-Vanillepulver** hinzufügen und nochmals alles vermischen. 4 Die **Walnusskerne** grob hacken und zum Buchweizen geben. **Ahornsirup** hinzufügen und mit dem Buchweizen und den Walnusskernen vermengen. 5 Buchweizen auf zwei tiefen Tellern verteilen. Die Erdbeersahne darübergeben. Mit **Erdbeerscheiben** und **Minzblättern** garnieren.

TIPPS   *Buchweizen schmeckt nicht nur salzig gut, sondern kann auch süß zubereitet werden.*
Die Reis-Schlagcreme findest du im Bioladen oder Reformhaus.
Bitte nicht mit Reis Cuisine verwechseln!
Dieses Frühstück ist glutenfrei.

Tofu-Scramble

ZUBEREITUNGSZEIT 15 MINUTEN
FÜR 2 PERSONEN

200 g Tofu Natur

1 kleine rote Spitzpaprika

3 Frühlingszwiebeln

40 g entsteinte schwarze Oliven

10 g Petersilienblättchen

3 EL Olivenöl

10 g Margarine

1 TL Currypulver

½ TL Kurkuma

Salz

schwarzer Pfeffer aus der Mühle

1 EL Sonnenblumenkerne

1 **Tofu** abtropfen lassen. Mit einer Gabel auf einem flachen Teller bröselig zerdrücken. **Spitzpaprika** waschen, putzen und in kleine Würfel schneiden. **Frühlingszwiebeln** putzen, waschen und in kleine Scheiben schneiden. **Oliven** abtropfen lassen und in kleine Scheiben schneiden. **Petersilie** waschen und klein hacken. **2** **Olivenöl** in einer Pfanne erhitzen. Tofu hinzufügen und bei kleiner Hitze unter gelegentlichem Rühren ca. 6 Minuten goldbraun anbraten. Paprika, Frühlingszwiebeln und **Margarine** einrühren und 2 Minuten braten. Mit **Currypulver, Kurkuma, Salz** und **Pfeffer** würzen. Oliven und Petersilie unterheben und mit **Sonnenblumenkernen** bestreuen. **3** Auf einem Teller anrichten. Auf Wunsch Vollkornbrot mit Margarine dazu reichen.

TIPPS *Den Tofu schön goldbraun anbraten, damit er die weichliche Konsistenz verliert. Immer wieder gut umrühren, sodass er nicht anbrennt.*
Kurkuma sorgt für eine leuchtend gelbe Farbe, hat aber auch viele gesundheitsfördernde Eigenschaften. Deshalb gebe ich nach Möglichkeit immer etwas Kurkuma an meine Speisen.

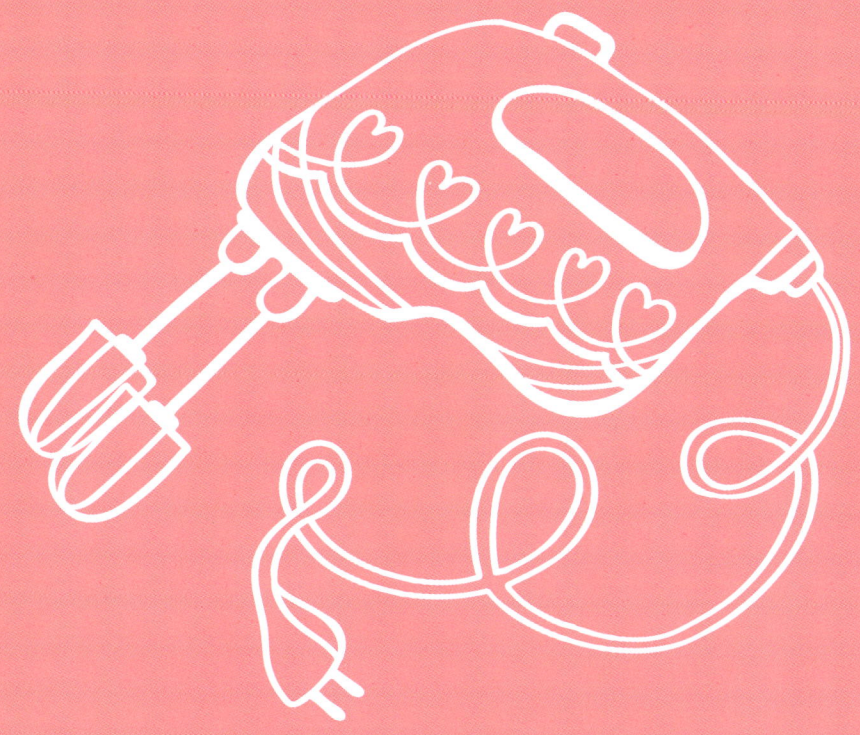

funky
Vorspeisen

Crispy Reisbällchen

ZUBEREITUNGSZEIT 1 STUNDE 15 MINUTEN
FÜR 12 REISBÄLLCHEN

200 g Risottoreis

Salz

1 Stück Möhre (25 g)

2 g Petersilienblättchen

1 g Korianderblättchen

1 Msp. fein gehackte Chili

1 Spritzer Zitronensaft

schwarzer Pfeffer aus der Mühle

Paniermehl zum Wenden

500 ml Sonnenblumenöl zum Frittieren

1 **Risottoreis** in einen Topf mit reichlich kochendem **Salzwasser** geben und bei kleiner bis mittlerer Hitze ca. 15 Minuten unter gelegentlichem Rühren garen. In ein Sieb abgießen und abtropfen lassen. Circa 30 Minuten abkühlen lassen. **2** In der Zwischenzeit die **Möhre** schälen und in sehr kleine Würfel von 1–2 mm (Brunoise) schneiden. In einen kleinen Topf mit kochendem **Salzwasser** geben und ca. 3 Minuten bei hoher Hitze garen. In ein Sieb gießen und abtropfen lassen. **Petersilie** und **Koriander** waschen und fein hacken. **3** Den abgekühlten Risottoreis in eine Schüssel geben. Möhren-Brunoise und Kräuter mit dem Reis vermengen. Mit **Chili, Zitronensaft, Salz** und **Pfeffer** würzen. Reis zu zwölf Bällchen formen. **Paniermehl** auf einen Teller geben und die Bällchen darin behutsam wenden. **4** In einem kleinen Topf das **Sonnenblumenöl** auf 170 °C erhitzen. Um zu prüfen, ob es die richtige Temperatur zum Frittieren erreicht hat, einfach nur den Holzstiel eines Kochlöffels in das Öl halten. Wenn sich um das Holz herum Bläschen bilden und nach oben steigen, ist die Temperatur optimal. Nun die Reisbällchen in so kleinen Portionen frittieren, dass sie nicht zusammenkleben können. Dabei die Bällchen behutsam in das Öl gleiten lassen und 3–4 Minuten garen, zwischendurch wenden. Mit einer Siebkelle herausheben und auf Küchenpapier abtropfen lassen. Immer darauf achten, dass das Öl nicht zu heiß wird.

TIPPS *Ich verwende Risottoreis, weil er den Bällchen eine gute Bindung gibt.*
Beim Frittieren kommt es darauf an, dass die Öltemperatur von 170 °C beibehalten wird. Die Bällchen können sonst zerfallen. Wenn du ein (einfaches) Ölthermometer hast, nimm es zu Hilfe.
Die Bällchen vor dem Verzehr gut abkühlen lassen. Sie schmecken pur, in Pitabrot mit Salat und Gemüse oder mit einem Dip wie Tomaten-Raita (Rezept S. 126).

Kichererbsenpommes mit Blaubeerketchup

ZUBEREITUNGSZEIT 25 MINUTEN // RUHEZEIT 50 MINUTEN
FÜR 4 PERSONEN

Kichererbsenpommes

100 g Kichererbsenmehl

40 g Instant-Polenta

1 EL Speisestärke

1 TL Currypulver

1 TL scharfes Paprikapulver

1 Prise Muskatnuss

Salz

schwarzer Pfeffer aus der Mühle

etwas Mehl zum Wenden

2 EL Sonnenblumenöl zum Braten

Blaubeerketchup

200 g Blaubeeren

1 Schalotte

1 Knoblauchzehe

3 getrocknete, in Öl eingelegte
   Tomaten

50 g Tomatenmark
   (ca. 2 ½ gehäufte TL)

½ TL Balsamico-Essig

1 TL Agavendicksaft

Salz

schwarzer Pfeffer aus der Mühle

Außerdem

ein Brownie- oder Kuchenblech (ca.
18 × 18 cm) mit hohem Rand oder
ein Blech in vergleichbarer Größe

1 Für die Pommes 500 ml Wasser in einem Topf zum Kochen bringen. **Kichererbsenmehl, Instant-Polenta, Speisestärke, Currypulver** und **Paprikapulver** hineingeben und 2 Minuten verrühren. Mit einer kräftigen Prise **Muskatnuss** sowie **Salz** und **Pfeffer** würzen. **2** Die Masse gleichmäßig auf ein mit Backpapier ausgelegtes Blech streichen. Circa 50 Minuten abkühlen lassen. Anschließend seitlich Pommes von ca. 9 × 2 cm – etwa wie Fischstäbchen – abschneiden. Die Stücke herausheben und auf einen Teller mit etwas Mehl geben. Leicht mit **Mehl** bestäuben. **3** **Sonnenblumenöl** in einer großen Pfanne erhitzen und die Pommes je 2 Minuten auf den breiten Seiten und je 1 Minute hochkant bei mittlerer bis kleiner Hitze goldbraun braten. Behutsam mit einem Pfannenwender aus der Pfanne heben und auf einem mit Küchenpapier ausgelegten Teller ablegen. Abtropfen und abkühlen lassen. **4** Für den Blaubeerketchup die **Blaubeeren** in ein Sieb geben, waschen, abtropfen lassen und in einen Standmixer füllen. Die **Schalotte** und die **Knoblauchzehe** schälen und in kleine Scheiben schneiden. Die in Öl eingelegten **Tomaten** leicht abgetropft klein schneiden. Schalotte, Knoblauch und Tomaten mit **Tomatenmark, Balsamico-Essig** und **Agavendicksaft** zu den Blaubeeren geben und zu einer cremigen Sauce mixen. Mit **Salz** und **Pfeffer** würzen.

TIPPS   *Würze die Masse gut, damit die Pommes nicht zu fade schmecken.*
Der Blaubeerketchup sollte sofort verbraucht werden, da er nach längerem Stehen fest wird.

Mozzarella-Schiffchen

ZUBEREITUNGSZEIT 15 MINUTEN // RUHEZEIT 6 STUNDEN
FÜR 2 PERSONEN

50 g Cashewkerne

2 gestrichene EL Flohsamenschalen

1 EL Zitronensaft

Salz

5 g Basilikumblätter und
einige zum Garnieren

5 Kirschtomaten

5 Scheiben Baguettebrot

Olivenöl

schwarzer Pfeffer aus der Mühle

1 Die **Cashewkerne** in eine Schale mit Wasser geben und die **Flohsamenschalen** mit 200 ml Wasser ebenfalls in eine Schale geben. Beides mindestens 2 Stunden einweichen lassen. **2** Die gelartige Masse der Flohsamen dann mit den eingeweichten und abgetropften Cashewkernen in einen Standmixer geben. **Zitronensaft, Salz** und die gewaschenen sowie abgetupften **Basilikumblätter** hinzufügen. Alles zu einer festen Masse mixen. **3** Die etwas klebrige Masse aus dem Mixer holen und am besten mithilfe von Klarsichtfolie zu einer Kugel formen. Dann mit Klarsichtfolie auf einer festen Unterlage zu einer Wurst rollen. Die Mozzarella-Rolle in Klarsichtfolie wickeln und mindestens 4 Stunden in den Kühlschrank legen. **4** Mozzarella-Rolle aus der Folie wickeln und in Scheiben schneiden. Die **Kirschtomaten** waschen und in Scheiben schneiden. **Brotscheiben** mit **Olivenöl** beträufeln und mit Mozzarella-Scheiben belegen. **Salzen** und **pfeffern.** Kirschtomaten darauflegen und mit ein paar **Basilikumblättern** garnieren. Nach Belieben mit **Olivenöl, Pfeffer** und **Salz** nachwürzen.

TIPPS *Das Rollen der Kugel ist etwas tricky, aber mit der Klarsichtfolie funktioniert es ganz gut.*
Wenn du magst, kannst du auch andere Kräuter in die Mozzarella-Masse geben, oder du lässt sie ganz weg. Die Masse nimmt übrigens sehr viel Salz auf, deshalb etwas kräftiger salzen.
Flohsamenschalen gibt es im Bioladen oder Reformhaus.

Skordalia

♥

ZUBEREITUNGSZEIT 50 MINUTEN // RUHEZEIT CA. 30 MINUTEN
FÜR 1 MITTELGROSSE SCHALE

600 g mehligkochende Kartoffeln
Salz
7 Knoblauchzehen
4 EL Olivenöl
1 EL Essig

1 Die **Kartoffeln** in einen großen Topf geben und in reichlich **Salzwasser** bei mittlerer Hitze gut 30 Minuten garen. Abgießen und in einem Sieb ca. 10 Minuten abkühlen lassen. Kartoffeln pellen und noch lauwarm durch die Kartoffelpresse in eine große Schüssel drücken. **2** In der Zwischenzeit die **Knoblauchzehen** schälen und durch die Knoblauchpresse auf ein Küchenbrett pressen. Mit einem breiten Messerrücken zusammendrücken und zu einer sämigen Knoblauchmasse verarbeiten. Zu den Kartoffeln geben und vermengen. **Olivenöl, Essig** und 4 EL kaltes Wasser hinzufügen. Alles zu einer cremigen Masse verrühren und mit **Salz** würzen. Circa 30 Minuten ziehen lassen, damit sich das Knoblaucharoma richtig entfalten kann. **3** Als Dip für Gemüsesticks oder als Aufstrich zu Brot servieren.

TIPP   *Skordalia, ein Klassiker aus Griechenland, beinhaltet bereits das griechische Wort für Knoblauch. Es gibt mehrere Varianten, etwa mit Weißbrot, aber Grundlage sind immer Kartoffeln und Knoblauch. Lass dich nicht täuschen, wenn der Dip zu Anfang nicht so sehr nach Knoblauch schmeckt, das Aroma entfaltet sich erst noch. Ein Date für den gleichen Tag sollte man aus bekannten Gründen besser nicht planen – oder man genießt diese Köstlichkeit gemeinsam.*

Tomatentarte

ZUBEREITUNGSZEIT 50 MINUTEN // BACKZEIT 60 MINUTEN
FÜR 1 TARTE

Mürbeteig

100 g sehr kalte Margarine
1 TL Salz
200 g Mehl

Schnittlauchcreme

200 ml Sojacreme Cuisine
1 EL Speisestärke
1 Knoblauchzehe
½ TL Salz
schwarzer Pfeffer aus der Mühle
10 g Schnittlauch
1 EL Hefeflocken

Tomatenmasse

500 g Roma-Tomaten
60 g getrocknete, in Öl
   eingelegte Tomaten
½ rote Zwiebel (75 g)
1 Knoblauchzehe
1 EL Olivenöl
1 EL Thymianblättchen
1 TL getrockneter Oregano
1 Spritzer Agavendicksaft
Salz
schwarzer Pfeffer aus der Mühle

Außerdem

Margarine zum Einfetten
1 Tarteform (ø 28 cm)

1 Für den Mürbeteig die **Margarine** in kleine Stücke würfeln und in eine große Schüssel mit **Salz** und **Mehl** geben. Die Margarinestückchen zwischen den Händen mit dem Mehl verreiben. Wenn keine Klümpchen mehr vorhanden sind, 4 EL kaltes Wasser dazugeben und mit den Händen durchkneten. Den fertigen Teig zu einer Kugel formen und in Frischhaltefolie gewickelt ca. 30 Minuten kalt stellen. **2** Für die Schnittlauchcreme die **Sojacreme** in einen kleinen Topf geben und bei mittlerer Hitze 3 Minuten kochen lassen. Die **Speisestärke** einrühren und eine geschälte **Knoblauchzehe** durch die Knoblauchpresse in den Topf pressen. Weiterrühren, bis das Ganze aufgekocht ist. Vom Herd nehmen. Mit **Salz** und **Pfeffer** würzen. **Schnittlauch** waschen, trocken tupfen und fein schneiden. Zur Creme geben und alles vermengen. **Hefeflocken** behutsam unterheben. **3** Für die Tomatenmasse die **Roma-Tomaten** oben und unten kreuzförmig einritzen und ca. 15 Sekunden in eine Schüssel mit kochendem Wasser geben. Mit einer Siebkelle herausheben und dann behutsam mit einem kleinen Messer die Tomatenhaut abziehen. Die geschälten Tomaten viertln und das weiche Innere entfernen. Es sollen sich 270 g ergeben. **4** Nun die Tomatenschnitze fein hacken und in eine große Schüssel geben. Die **getrockneten Tomaten** klein schneiden und in die Schüssel geben. **Zwiebel** und **Knoblauchzehe** schälen und fein hacken. In einer großen Pfanne das **Olivenöl** erhitzen und Zwiebeln und Knoblauch darin glasig andünsten. Tomatenmasse hinzufügen und 2 Minuten bei kleiner Hitze anbraten. **Thymian** und **Oregano** einrühren. Mit **Agavendicksaft, Salz** und **Pfeffer** würzen. **5** Den Backofen auf 200 °C vorheizen. Den Mürbeteig aus der Frischhaltefolie wickeln und in eine mit **Margarine** ausgefettete Tarteform geben. Mit den Händen flach drücken, sodass der Tarteboden vollständig bedeckt ist. Die Schnittlauchcreme gleichmäßig auf dem Mürbeteig verteilen. Darauf die Tomatenmasse streichen. Tarte 1 Stunde backen.

Sommerrollen mit Pflaumendip

ZUBEREITUNGSZEIT 30 MINUTEN
FÜR 4 ROLLEN

Würztofu

120–130 g Tofu Natur

1 EL Sesamöl

1 ½ EL Sojasauce

Füllung

4 Blätter Romana-Salat

1 mittelgroße Möhre

80 g Mungobohnensprossen

ca. 15 g Thai-Basilikumblätter

ca. 15 g Korianderblättchen

40 g ungesalzene und ungeröstete
  Erdnüsse

50 g Glasnudeln

1 Spritzer Sesamöl

1 EL Sojasauce

1 TL Currypulver

4 Blätter Reispapier (Ø 21 cm)

Pflaumendip

120 g getrocknete und entsteinte
  Pflaumen

3 frische Pflaumen

2 EL Sojasauce

1 EL Essig

1 TL frisch gehackter Ingwer

1 EL Reissirup

1 Für den Würztofu den **Tofu** abtropfen lassen und in 2 cm lange Stifte schneiden. In einer kleinen Pfanne **Sesamöl** erhitzen und die Tofustifte ca. 7 Minuten unter gelegentlichem Rühren bei mittlerer Hitze anbraten, bis sie goldbraun sind. Mit **Sojasauce** ablöschen und kurz hin- und herschwenken. **2** Für die Füllung die **Salatblätter** waschen und trocken schleudern. **Möhre** schälen und in sehr feine Stifte schneiden. Die **Mungobohnensprossen** in ein Sieb geben, gründlich abwaschen, abtropfen lassen und trocken tupfen. **Thai-Basilikum** und **Koriander** waschen und trocken tupfen. **Erdnüsse** grob hacken. **3** Die **Glasnudeln** in eine Schüssel geben und mit kochendem Wasser übergießen. Ein paar Minuten ruhen lassen, bis sie weich sind. In ein Sieb abgießen, mit kaltem Wasser abschrecken und abtropfen lassen. Mit einer Haushaltsschere in kleine Stücke schneiden. Glasnudeln in eine Schüssel geben und mit einem Spritzer **Sesamöl** vermengen. **Sojasauce** und **Currypulver** hinzufügen und gut umrühren. **4** Ein **Reispapierblatt** in eine große Schüssel mit warmem Wasser geben und ca. 1 Minute einweichen. Behutsam aus der Schüssel nehmen und auf ein großes Küchenbrett legen. In die Mitte des Reispapierblattes ein Romana-Salatblatt legen. Darauf je ein Viertel Möhrenstreifen, Mungobohnensprossen, Glasnudeln und Tofustifte verteilen. Kräuter und Erdnüsse darauf verteilen. Die Ränder des Reispapiers jeweils etwas über der Füllung einschlagen. Dann behutsam, aber fest aufrollen. Den Vorgang mit den restlichen Zutaten wiederholen. **5** Für den Pflaumendip die **getrockneten Pflaumen** klein schneiden. **Frische Pflaumen** waschen, halbieren und den Kern entfernen. Alles mit **Sojasauce, Essig, Ingwer** und **Reissirup** in einen Standmixer geben und cremig mixen. **6** Die Rollen mit dem Dip servieren.

Wraps Lahmacun-Style

♥

ZUBEREITUNGSZEIT 20 MINUTEN
FÜR 4 WRAPS

Tofubolognese

200 g Tofu Natur

4 EL Olivenöl

1 Zwiebel

1 Knoblauchzehe

80 g Tomatenmark

50 ml Rotwein

1 Dose gehackte Tomaten
   (260 g Abtropfgewicht)

1 TL getrockneter Oregano

1 TL getrockneter Thymian

1 Prise Zimt

1 TL Agavendicksaft

30 g weißes Mandelmus

Salz

schwarzer Pfeffer aus der Mühle

Knoblauchsauce

2 Knoblauchzehen

200 g Sojajoghurt

2 EL Olivenöl

1 TL Essig

1 EL weißes Mandelmus

3 g Minzblätter

Salz

schwarzer Pfeffer aus der Mühle

4 Tortilla-Wraps (ø 24 cm)

75 g Rucolasalat

1 Für die Tofubolognese den **Tofu** abtropfen lassen. In einer Schüssel mit einer Gabel fein zerbröseln. **Olivenöl** in einer großen Pfanne erhitzen. Die Tofubrösel darin ca. 5 Minuten bei mittlerer bis kleiner Hitze und unter gelegentlichem Rühren goldbraun anbraten. **Zwiebel** und **Knoblauchzehe** schälen, fein hacken, zum angebratenen Tofu geben und anschwitzen. **2** Sobald Zwiebeln und Knoblauch angeschwitzt sind, **Tomatenmark** zugeben. Mit **Rotwein** ablöschen und ca. 5 Minuten bei kleiner Hitze einkochen lassen. Die **gehackten Tomaten** 2 Minuten mitköcheln lassen. Mit **Oregano, Thymian, Zimt** sowie **Agavendicksaft** würzen. Das **Mandelmus** hinzufügen, mit der Tofumasse vermengen und mit **Salz** und **Pfeffer** würzen. Pfanne vom Herd nehmen. **3** Für die Knoblauchsauce **Knoblauchzehen** schälen und mit **Sojajoghurt, Olivenöl, Essig** und **Mandelmus** sowie gewaschener und trocken getupfter **Minze** in einen Standmixer geben. Alles durchmixen und mit **Salz** und **Pfeffer** würzen. **4** Die **Wraps** aus der Verpackung nehmen, mit etwas Wasser befeuchten und in einer beschichteten Pfanne nacheinander von beiden Seiten ca. 10–20 Sekunden erwärmen. **Rucolasalat** waschen und trocken schleudern. Wraps portionsweise füllen: mit Tofubolognese bestreichen, Rucolasalat darauf verteilen und Knoblauchsauce dazugeben. Zu Wraps wickeln. Unteres Ende mit Alufolie umwickeln. Sofort genießen.

Zucchini-Kaviar mit Schaum

ZUBEREITUNGSZEIT 15–20 MINUTEN
FÜR 2 PERSONEN

1 kleine Zucchini (140 g)

1 Schalotte

1 Knoblauchzehe

2 EL Olivenöl

30 g blanchierte und gehackte Mandeln

1 Rosmarinzweig und einige
   zum Garnieren

Salz

schwarzer Pfeffer aus der Mühle

200 ml Sojacreme Cuisine

2 gestrichene TL Speisestärke

1 EL Hefeflocken

1 Prise Muskatnuss

1 **Zucchini** waschen und Enden abschneiden. In sehr kleine Würfel schneiden. **Schalotte** und **Knoblauchzehe** schälen und fein hacken. **2** In einer Pfanne **Olivenöl** erhitzen und die Schalotten darin bei kleiner Hitze glasig andünsten. Den Knoblauch mit andünsten. Zucchiniwürfel hinzufügen und alles gut vermengen. Bei mittlerer bis kleiner Hitze ca. 4 Minuten anbraten. Dann die **Mandeln** und den **Rosmarinzweig** hineingeben. Nochmals alles gut vermengen und 1 Minute braten. Mit **Salz** und **Pfeffer** würzen. Pfanne vom Herd nehmen und abkühlen lassen. **3** Für den Schaum die **Sojacreme** in einen kleinen Topf geben und bei kleiner Hitze aufkochen lassen. Die **Speisestärke** mit dem Rührbesen einarbeiten. Köcheln lassen, bis eine dicke Konsistenz entstanden ist, dabei gelegentlich umrühren. Mit **Hefeflocken, Muskatnuss, Salz** und **Pfeffer** würzen und alles gut vermengen. **4** Den Rosmarinzweig aus der Zucchinimasse entfernen. Mit einer Gabel die Masse etwas zerdrücken. In zwei kleine Gläser füllen und mit dem Schaum bedecken. Mit frischen **Rosmarinzweigen** garnieren.

TIPPS *Eine lockere, leichte Vorspeise, die optisch was hermacht. Ich benutze kleine Wassergläser zum Einfüllen.*
Hefeflocken sind mild-nussig im Geschmack, reich an B-Vitaminen und geben Speisen eine schöne würzige Note. Sie sind im Bioladen und Reformhaus erhältlich.
Falls du eine Soja-Unverträglichkeit hast, empfehle ich Hafer Cuisine für die Zubereitung des Schaums.

Tomatokeftedes

♥

ZUBEREITUNGSZEIT 20 MINUTEN
FÜR 8 STÜCK

500 g Roma-Tomaten

5 getrocknete, in Öl eingelegte
   Tomaten, abgetropft

1 große Schalotte

1 Knoblauchzehe

10 g Petersilienblättchen

5 g Minzblätter

20 g Paniermehl und etwas zum Wenden

1 TL Olivenöl

½ TL getrockneter Oregano

Salz

schwarzer Pfeffer aus der Mühle

3 EL Sonnenblumenöl

1 Die **Roma-Tomaten** oben und unten kreuzförmig einritzen und ca. 15 Sekunden in eine Schüssel mit kochendem Wasser geben. Mit einer Schaumkelle herausheben und dann behutsam die Tomatenhaut mit einem kleinen Messer abziehen. Tomaten vierteln und das weiche Innere entfernen. Die Tomatenschnitze fein hacken und in eine große Schüssel geben. **2** Die **getrockneten Tomaten** klein schneiden, **Schalotte** schälen und fein hacken, **Knoblauchzehe** schälen und durch die Knoblauchpresse drücken. **Petersilie** und **Minze** waschen, trocken tupfen und fein hacken. Alle diese Zutaten mit den fein gehackten Tomaten mischen. Dann **Paniermehl** und **Olivenöl** unter die Masse rühren. Mit **Oregano, Salz** und **Pfeffer** würzen. **3** Mit den Händen insgesamt acht Bouletten aus der Masse formen und in Paniermehl wenden. In einer Pfanne **Sonnenblumenöl** erhitzen und die Bouletten hineinlegen. Von jeder Seite bei mittlerer bis kleiner Hitze ca. 2 Minuten braten, bis eine leichte Kruste entstanden ist. Auf einem mit Küchenpapier ausgelegten Teller abtropfen und abkühlen lassen.

TIPP   *Tomatokeftedes sind eine Spezialität der griechischen Insel Santorini. Keftedes ist das griechische Wort für Bouletten. Darauf achten, dass die Tomatenviertel gut ausgeschabt werden, damit die Masse nicht wässrig wird. Das Paniermehl gibt die Bindung. Auch von außen leicht mit Paniermehl bestäuben, das gibt ebenfalls Halt. Trotzdem sind sie zunächst nicht sehr stabil und man sollte beim Braten sehr behutsam mit ihnen umgehen. Dazu passt Zaziki (Rezept S. 119).*

BUNTE
Suppen

➤➤➤———— ♡ ————◄◄◄

Bananensuppe

♥

ZUBEREITUNGSZEIT 10 MINUTEN
FÜR 2 PERSONEN

3 reife Bananen
1 kleine Zwiebel
2 EL Olivenöl
1 TL Currypulver
1 TL Kurkuma
300 ml Gemüsebrühe
200 ml Kokosmilch
1 ½ EL Sojasauce

1 Die **Bananen** schälen und in kleine Stücke schneiden. Die **Zwiebel** schälen und fein hacken. In einem mittelgroßen Topf das **Olivenöl** erhitzen. Zwiebeln darin glasig andünsten. Bananenstücke hinzufügen und ca. 1 Minute unter Rühren mit andünsten. **Currypulver** und **Kurkuma** zugeben und ein paar Sekunden lang alles gut verrühren. **2** Mit **Gemüsebrühe** ablöschen und bei mittlerer Hitze zum Kochen bringen. Die **Kokosmilch** angießen und alles ca. 1 Minute bei kleiner Hitze köcheln lassen. Mit **Sojasauce** würzen. Dann mit dem Stabmixer pürieren.

TIPP *Es kommt bei dieser Suppe sehr darauf an, dass die Bananen schön reif sind, damit sich das Bananenaroma gut entfalten kann.*

Erbsen-Kohlrabi-Cappuccino

ZUBEREITUNGSZEIT 20 MINUTEN
FÜR 4 PERSONEN

150 g Kohlrabi
1 Zwiebel
1 Knoblauchzehe
2 EL Olivenöl
500 ml heiße Gemüsebrühe
200 g TK-Erbsen
1 Prise Muskatnuss
Salz
schwarzer Pfeffer aus der Mühle
400 ml ungesüßte Sojamilch

1 Den **Kohlrabi** schälen und klein schneiden. **Zwiebel** und **Knoblauchzehe** schälen und fein hacken. In einem mittelgroßen Topf **Olivenöl** erhitzen und die Zwiebeln darin glasig andünsten. Kohlrabi hineingeben und unter Rühren ca. 1 Minute mit andünsten. Knoblauch zufügen und ebenfalls unter Rühren mit andünsten. **2** Mit der heißen **Gemüsebrühe** ablöschen und die **TK-Erbsen** zugeben. Circa 5 Minuten bei mittlerer bis kleiner Hitze kochen lassen. Mit **Muskatnuss, Salz** und **Pfeffer** würzen und mit dem Stabmixer zu einer cremigen Suppe pürieren. Kurz abkühlen lassen. **3** Die **Sojamilch** in einen kleinen Topf geben und bei kleiner Hitze ca. 2 Minuten köcheln lassen. Mit einem Milchaufschäumer schaumig schlagen. **4** Erbsensuppe in Gläser füllen und mit der aufgeschäumten Sojamilch toppen.

TIPP *Dieser Cappuccino besticht durch seine leuchtend grüne Farbe und ist absolut koffeinfrei. Wenn du keine Sojamilch magst, kannst du den Schaum auch weglassen. Die Suppe ist auch pur ein Genuss.*

Kalte Tomaten-Melonen-Suppe

ZUBEREITUNGSZEIT 15 MINUTEN
FÜR 2 PERSONEN

500 g Roma-Tomaten

75 g Gurke, geschält

500 g Wassermelonenfruchtfleisch,
    gewürfelt, und etwas zum Garnieren

2–3 EL Olivenöl

1 EL Zitronensaft

1 Msp. Cayennepfeffer

Salz

schwarzer Pfeffer aus der Mühle

1 **Roma-Tomaten** am oberen und unteren Ende kreuzförmig einschneiden. In einen Topf geben, mit kochendem Wasser übergießen und ca. 30 Sekunden ruhen lassen. Dann die Tomatenhaut mit einem kleinen Messer abziehen. **2** Tomatenfleisch in Würfel schneiden und in einen Standmixer füllen. Die **Gurke** in kleine Stücke schneiden und mit der **Wassermelone** zu den Tomaten geben. **Olivenöl** und **Zitronensaft** hinzufügen und alles mixen. Mit **Cayennepfeffer, Salz** und **Pfeffer** würzen. **3** Suppe in zwei tiefe Teller gießen und mit **Wassermelonenwürfeln** toppen.

TIPPS   *Die Suppe ist sehr schnell zubereitet und wirkt an heißen Sommertagen sehr erfrischend. Vor dem Servieren kannst du sie noch ca. 1 Stunde in den Kühlschrank stellen.*
Je aromatischer Tomaten und Wassermelone sind, desto intensiver der Geschmack der Suppe.

Kichererbsen-Linsen-Suppe

ZUBEREITUNGSZEIT 25 MINUTEN
FÜR 2 PERSONEN

250 g Kichererbsen aus der Dose

½ große rote Paprikaschote

1 mittelgroße Zwiebel

1 Knoblauchzehe

2 EL Olivenöl

50 g rote Linsen

700 ml Gemüsebrühe

1 TL Currypulver

½ TL gemahlener Kreuzkümmel

1 TL scharfes Paprikapulver

frische Petersilie und 1 Handvoll
    geröstete Kichererbsen (Rezept
    S. 113) zum Garnieren

1 **Kichererbsen** mit kaltem Wasser abspülen und abtropfen lassen. **Paprikaschote** putzen und die Haut mit einem Sparschäler abziehen. Das Fruchtfleisch in kleine Stücke schneiden. **Zwiebel** und **Knoblauchzehe** schälen und fein hacken. **2** Das **Olivenöl** in einem Topf erhitzen. Die Zwiebeln und den Knoblauch darin glasig anschwitzen. Paprika und **Linsen** zufügen und ca. 1 Minute unter Rühren mit anschwitzen. Mit **Gemüsebrühe** ablöschen und zum Kochen bringen. 10 Minuten bei mittlerer bis kleiner Hitze köcheln lassen. Kichererbsen hineingeben und mit **Currypulver, Kreuzkümmel** und **Paprikapulver** würzen. Die Suppe weitere ca. 5 Minuten köcheln lassen. **3** Mit dem Stabmixer pürieren und nach Belieben mit etwas frischer **Petersilie** und **gerösteten Kichererbsen** garnieren.

TIPPS   *Wenn die Gemüsebrühe schön kräftig ist, kommt die Suppe wie in diesem Rezept ohne zusätzliches Salz aus. Sonst nach Belieben mit Salz abschmecken.*
Die Haut der Paprika ist ganz leicht mit einem Sparschäler abzuziehen. Die Vorteile: Man muss die Suppe nicht passieren und sie ist besser verdaulich.
Linsen und Kichererbsen versorgen dich mit einer Extraportion Eiweiß.
Kreuzkümmel, auch Cumin genannt, nicht mit normalem Kümmel verwechseln! Kreuzkümmel hat einen ganz anderen Geschmack und kommt vor allem in der orientalischen Küche vor.

Kritharaki-Suppe

♥

ZUBEREITUNGSZEIT 15–20 MINUTEN
FÜR 2 PERSONEN

1 kleine Zwiebel
1 EL Olivenöl
250 ml passierte Tomaten
1 Lorbeerblatt
700 ml kochende Gemüsebrühe
Salz
schwarzer Pfeffer aus der Mühle
70 g Kritharaki (griechische Nudeln
   in Reisform)

1 **Zwiebel** schälen und sehr fein hacken. In einem mittelgroßen Topf **Olivenöl** erhitzen und die Zwiebeln darin glasig andünsten. **Passierte Tomaten** hinzufügen und ca. 1 Minute mitkochen. **Lorbeerblatt** hineingeben. Mit der **Gemüsebrühe** aufgießen und mit **Salz** und **Pfeffer** würzen. 2 **Kritharaki** in die kochende Brühe geben. Bei mittlerer Hitze ca. 12–13 Minuten köcheln lassen. Immer wieder umrühren, damit die Kritharaki nicht am Boden festkleben.

TIPP *Kritharaki sind griechische Nudeln aus Hartweizengrieß in Reisform. Es gibt sie in gut sortierten Supermärkten sowie in griechischen beziehungsweise türkischen Lebensmittelgeschäften.*

Kürbis-Süßkartoffel-Suppe

ZUBEREITUNGSZEIT 25 MINUTEN
FÜR 2 PERSONEN

1 Hokkaido-Kürbis (ca. 700 g)

220 g Süßkartoffeln

1 mittelgroße Möhre

1 kleine Zwiebel

2 EL Olivenöl

1 EL geschälter und gehackter Ingwer

700 ml Gemüsebrühe

1 TL Currypulver

½ TL Kurkuma

60 g Sojajoghurt

1 Spritzer Zitronensaft

1 kräftige Prise Muskatnuss

schwarzer Pfeffer aus der Mühle

evtl. Salz

1 Den **Kürbis** waschen, halbieren und mit einem Esslöffel die Kerne herauskratzen. Kürbis vierteln und in kleine Stücke schneiden. **Süßkartoffeln** und **Möhre** mit einem Sparschäler schälen und in kleine Stücke schneiden. **Zwiebel** schälen und fein hacken. **2** In einem Topf das **Olivenöl** erhitzen. Die Zwiebeln darin glasig andünsten. **Ingwer** hinzufügen und unter Rühren kurz mit andünsten. Nun Kürbis, Süßkartoffeln und Möhre in den Topf geben und unter Rühren mit andünsten. Mit der **Gemüsebrühe** ablöschen und zum Kochen bringen. **3** Mit **Currypulver** und **Kurkuma** würzen und das Ganze etwa 15 Minuten bei mittlerer bis kleiner Hitze köcheln lassen. Den **Sojajoghurt** einrühren und alles mit **Zitronensaft, Muskatnuss, Pfeffer** und eventuell **Salz** würzen. Mit dem Stabmixer pürieren.

TIPPS *Junger Hokkaidokürbis muss nicht, kann aber geschält werden, gegebenenfalls am besten Bioware verwenden. Zum Schneiden solltest du ein großes, scharfes Küchenmesser benutzen. Süßkartoffeln heißen zwar Kartoffeln, sind aber keine, denn sie gehören zu einer anderen botanischen Gattung.*

Maronensuppe

♥

ZUBEREITUNGSZEIT 35 MINUTEN
FÜR 2 PERSONEN

100 g vorgegarte Maronen (Vacupack)

120 g Möhren

150 g Spitzkohl, geputzt

1 große Schalotte

2 EL Olivenöl

75 ml Weißwein

500 ml Gemüsebrühe

110 ml Sojacreme Cuisine

Salz

schwarzer Pfeffer aus der Mühle

1 Prise Muskatnuss

1 **Maronen** in kleine Scheiben schneiden. **Möhren** schälen und in kleine Scheiben schneiden. Den **Spitzkohl** in feine Streifen schneiden. Die **Schalotte** schälen und fein hacken. **2** **Olivenöl** in einem mittelgroßen Topf erhitzen und die Schalotten darin leicht anschwitzen. Nacheinander Maronen, Möhre und Spitzkohl zugeben und unter Rühren leicht andünsten. Mit **Weißwein** ablöschen und kurz köcheln lassen. **Gemüsebrühe** angießen, alles gut umrühren und zum Kochen bringen. Das Ganze bei kleiner Hitze ca. 15 Minuten zugedeckt köcheln lassen. **3** **Sojacreme** einrühren. Mit **Salz, Pfeffer** und einer kräftigen Prise **Muskatnuss** würzen. Die Suppe mit dem Stabmixer pürieren.

TIPPS   *Maronen gibt es vorgekocht und vakuumverpackt in den meisten Supermärkten. Sie entfalten ihr Aroma beim Kochen und geben der Suppe eine leicht süße Note.*
Wenn du keinen Spitzkohl zur Hand hast, kannst du stattdessen auch Weißkohl verwenden.
Bei Soja-Unverträglichkeit kannst du die Sojacreme durch Hafer Cuisine ersetzen.

Reisnudelsuppe Pho-Style

♥

ZUBEREITUNGSZEIT 35–40 MINUTEN
FÜR 2 PERSONEN

Brühe

250 ml Gemüsebrühe
2 Zitronengrasstangen
2 Stücke Sternanis
8 Scheiben Ingwer
1 EL Sojasauce

Einlage

55 g Reisnudeln
3 EL Sesamöl
200 g Tofu Natur
65 g Shiitake-Pilze
3 Minimaiskolben

Topping

180 g Mungobohnensprossen
10 g Korianderblättchen
10 g Thai-Basilikumblättchen
8 cm rote Peperoni

1 Für die Brühe **Gemüsebrühe** in einem Topf zum Kochen bringen. Die **Zitronengrasstangen** mit einem Messerrücken klopfen, bis die Struktur der Stangen bricht. Mit **Sternanis** und **Ingwerscheiben** in die Gemüsebrühe geben. Zugedeckt ca. 20 Minuten köcheln lassen. 2 Für die Einlage **Reisnudeln** in eine Schüssel geben und mit heißem Wasser bedecken. Circa 10 Minuten ziehen lassen, bis sie sich voneinander lösen. In ein Sieb abgießen und mit kaltem Wasser abschrecken. Mit 1 EL **Sesamöl** beträufeln und hin- und herschwenken, damit sie nicht verkleben. 3 Den **Tofu** abtropfen lassen und in dicke Würfel schneiden (2,5 × 2,5 cm). In einer Pfanne restliche 2 EL **Sesamöl** erhitzen und die Tofuwürfel von jeder Seite ca. 3 Minuten bei kleiner Hitze braten, bis sie goldbraun sind. Die Würfel aus der Pfanne nehmen und auf einem mit Küchenpapier ausgelegten Teller abtropfen lassen. 4 **Shiitake-Pilze** mit einem Pinsel säubern. In kleine Scheiben schneiden und im Sesamöl, in dem der Tofu angebraten wurde, ca. 1 Minute andünsten. Herausnehmen und ebenfalls abtropfen lassen. **Minimaiskolben** waschen und vierteln. 5 Für das Topping **Mungobohnensprossen** waschen und gut abtropfen lassen. **Koriander** und **Thai-Basilikum** waschen und abtupfen. **Peperoni** waschen, entkernen und in Scheiben schneiden. 6 Gemüsebrühe durch ein Sieb in einen großen Topf geben und mit **Sojasauce** würzen. Die Brühe mit dem Mais nochmals zum Kochen bringen. Tofuwürfel, Shiitake-Pilze und Reisnudeln hineingeben. 7 Die Suppe in zwei tiefe Schalen füllen und mit Sprossen, Koriander, Thai-Basilikum und Peperoni bestreuen.

Rote-Bete-Suppe

♥

ZUBEREITUNGSZEIT 30 MINUTEN
FÜR 2 PERSONEN

500 g vorgegarte Rote Bete (Vacupack)

1 mittelgroße Zwiebel

1 Knoblauchzehe

2 EL Olivenöl

2 EL Balsamico-Essig

3 Thymianzweige

750 ml Gemüsebrühe

1 Spritzer Agavendicksaft

Salz

schwarzer Pfeffer aus der Mühle

1 Msp. Cayennepfeffer

½ TL Meerrettich aus dem Glas

1 **Rote Bete** aus der Verpackung nehmen, den Saft auffangen und zur Seite stellen. In kleine Würfel schneiden. **Zwiebel** und **Knoblauchzehe** schälen und fein hacken. **2** **Olivenöl** in einem Topf erhitzen. Zwiebeln und Knoblauch darin glasig anschwitzen. Rote Bete hinzufügen und ca. 3 Minuten unter gelegentlichem Rühren mitgaren. Mit **Balsamico-Essig** und Rote-Bete-Saft ablöschen. Die **Thymianzweige** waschen, trocken tupfen, hinzufügen und alles gut verrühren. Circa 3 Minuten bei mittlerer Hitze einkochen lassen, ohne dass das Gemüse anbrennt. **3** Mit **Gemüsebrühe** auffüllen, zum Kochen bringen und zugedeckt ca. 17 Minuten bei mittlerer bis kleiner Hitze köcheln lassen. Die Thymianzweige entfernen. **4** Die Suppe mit dem Stabmixer pürieren. Mit **Agavendicksaft, Salz, Pfeffer** und **Cayennepfeffer** würzen. Durch ein Sieb passieren und mit **Meerrettich** würzen.

TIPPS *Du kannst frische Rote Bete auch selbst kochen, aber das dauert etwas – und schälen musst du die Knollen auch noch. Das vorgekochte Gemüse aus der Vakuumverpackung ist im Allgemeinen von guter Qualität und spart viel Zeit.*
Wenn ich Meerrettich brauche, nehme ich den sehr scharfen Tafelmeerrettich aus dem Glas. Bitte nicht irrtümlich nach dem milderen Sahnemeerrettich greifen, der ist nicht vegan. Wenn du die Suppe nicht so scharf magst, nimm einfach weniger Meerrettich.

Süße Ananas-Erdbeer-Suppe

ZUBEREITUNGSZEIT 10 MINUTEN
FÜR 2 PERSONEN

300 g Erdbeeren
400 g Ananasfruchtfleisch
50 g Erdbeersorbet
100 ml süße Soja-Schlagcreme
   (Soyatoo)
5 g Minzblätter und evtl. weitere
   zum Garnieren

1 Die **Erdbeeren** putzen, waschen, trocken tupfen und halbieren. Das **Ananasfruchtfleisch** in Stücke schneiden. Ananas und Erdbeeren mit **Erdbeersorbet** und **Soja-Schlagcreme** in einem Standmixer durchmixen. Die **Minze** waschen, hinzufügen und noch einmal alles kurz mixen.

2 Die Suppe in zwei tiefe Teller gießen und sofort genießen. Eventuell mit frischen **Minzblättern** garnieren.

„Mit dem guten Geschmack ist es ganz einfach: Man nehme von allem nur das Beste."

Oscar Wilde

TIPPS *Die Ananas und die Erdbeeren sollten sehr reif sein, damit die Suppe schön süß wird.*
Die süße Soja-Schlagcreme gibt es auch als Rice Whip oder Cocos Whip – falls du eine Soja-Unverträglichkeit hast.

SEXY
Salate

>>>>— ♥ —<<<<

Buchweizensalat mit Linsen

ZUBEREITUNGSZEIT 20 MINUTEN
FÜR 2 PERSONEN

Buchweizensalat

100 g Buchweizen
30–40 g rote Spitzpaprika
1 Schalotte
1 Knoblauchzehe
2 EL Olivenöl
1 Dose grüne Linsen
   (240 g Abtropfgewicht)
Salz
schwarzer Pfeffer aus der Mühle

Dressing

40 ml Olivenöl
2 EL Zitronensaft
10 g Dillspitzen
Salz
schwarzer Pfeffer aus der Mühle
1 Pfirsich
80 g helle kernlose Weintrauben

1 Für den Salat **Buchweizen** in eine Pfanne geben und bei kleiner Hitze kurz anrösten, bis er etwas Farbe annimmt und sein Aroma entfaltet. In einen kleinen Topf geben und mit 200 ml kaltem Wasser aufgießen. Bei starker Hitze zum Kochen bringen. Mit aufgelegtem Deckel bei kleiner Hitze ca. 6 Minuten garen lassen. Topf vom Herd nehmen und den Buchweizen behutsam umrühren und abgedeckt ruhen lassen. **2** Die **Spitzpaprika** waschen, das Gehäuse und den Stiel entfernen und in kleine Würfel schneiden. **Schalotte** und **Knoblauchzehe** schälen und fein hacken. In einer Pfanne **Olivenöl** erhitzen und die Schalotten darin bei kleiner Hitze andünsten. Knoblauch dazugeben und kurz mit andünsten. Paprika hinzufügen und ca. 3 Minuten anbraten. **Linsen** abtropfen lassen, zugeben und alles gut vermengen. Mit **Salz** und **Pfeffer** würzen. Zur Seite stellen. **3** Für das Dressing **Olivenöl** und **Zitronensaft** in eine kleine Schüssel geben. **Dill** waschen, trocken tupfen, fein hacken und zum Zitronenöl geben. Gut umrühren und mit **Salz** und **Pfeffer** würzen. **4** Den **Pfirsich** waschen und in der Mitte aufschneiden. Den Kern entfernen und den Pfirsich in kleine Würfel schneiden. **Weintrauben** waschen und halbieren. Buchweizen und Linsen in eine große Schüssel geben und gut vermengen. Das Dressing hinzufügen und nochmals alles gut durchrühren. Zum Schluss Pfirsiche und Weintrauben behutsam unterheben.

Coleslaw Tropical

ZUBEREITUNGSZEIT 25 MINUTEN
FÜR 2 PERSONEN

1 Stück Weißkohlkopf ohne Strunk
    und äußere Blätter (ca. 150 g)

1 Möhre

Salz

2 g Petersilienblättchen

2 TL Senf

1 EL Mayonnaise (Rezept S. 124)

1 EL Zitronensaft

1 Msp. Harissa

1 Spritzer Agavendicksaft

schwarzer Pfeffer aus der Mühle

90 g Mangofruchtfleisch

1 Das **Weißkohlstück** flach drücken und quer in sehr schmale Streifen schneiden. Die **Möhre** schälen und fein raspeln. Kohlstreifen und Möhrenraspel in eine große Schüssel geben, mischen und leicht **salzen.** 5 Minuten einen Teller auflegen und darauf eine volle Konservendose stellen, damit die Mischung beschwert wird und Saft austritt. **2** Die Kohl-Möhren-Mischung in ein Sieb geben und die restliche Flüssigkeit abtropfen lassen. Auch noch kurz auf Küchenpapier geben. Dann in eine große Schüssel füllen. **Petersilie** waschen, trocken tupfen und hacken. Petersilie, **Senf, Mayonnaise, Zitronensaft** und **Harissa** in die Schüssel geben und alles gut durchmischen. Mit **Agavendicksaft, Pfeffer** und noch etwas **Salz** würzen. Das **Mangofruchtfleisch** in feine Streifen schneiden und unter den Kohlsalat heben.

TIPPS   *Coleslaw ist ein traditioneller amerikanischer Krautsalat. Zum Schneiden des harten Weißkohls brauchst du unbedingt ein scharfes Messer. Wenn du eine gute Gemüsereibe hast, kannst du ihn aber auch reiben.*
Es ist übrigens wichtig, den Saft aus dem Kohl und der Möhre zu ziehen, weil der Salat sonst wässrig wird.

Feldsalat mit Kichererbsen und Melone

ZUBEREITUNGSZEIT 20 MINUTEN
FÜR 2 PERSONEN

200 g Kichererbsen aus der Dose
½ rote Paprikaschote
1 Schalotte
1 Knoblauchzehe
2 EL Olivenöl
50 g Tomatenmark
Salz
schwarzer Pfeffer aus der Mühle
50 g Feldsalat
4 g Minzblätter
1 Spritzer Zitronensaft
300 g Wassermelonenfruchtfleisch,
    gewürfelt

1 **Kichererbsen** gründlich mit Wasser abspülen und abtropfen lassen. **Paprikaschote** putzen und mit einem Sparschäler die Haut abziehen. Fruchtfleisch in feine Würfel schneiden. **Schalotte** und **Knoblauchzehe** schälen und ebenfalls fein hacken. 2 **Olivenöl** in einer Pfanne erhitzen. Schalotten und Knoblauch darin glasig andünsten. Paprika zugeben und ca. 2 Minuten unter gelegentlichem Rühren bei mittlerer Hitze anbraten. Das **Tomatenmark** sowie 2 EL Wasser einrühren. Kichererbsen hinzufügen und alles 1–2 Minuten köcheln lassen. Mit **Salz** und **Pfeffer** würzen und nochmals gut vermengen. Die Pfanne vom Herd nehmen und abkühlen lassen. 3 Den **Feldsalat** gründlich waschen und trocken schleudern. Dann die Wurzelansätze mit einem kleinen Messer abschneiden, dabei die Blattrosette erhalten. Die **Minze** waschen, trocken tupfen und zu einer Rolle winden. In feine Streifen schneiden. Die Kichererbsen in eine große Schüssel geben. Feldsalat und Minze hinzufügen und behutsam unterheben. Mit einem Spritzer **Zitronensaft** sowie **Salz** und **Pfeffer** würzen. Die **Melonenwürfel** ebenfalls behutsam unterheben. Auf zwei Salattellern verteilen und sofort genießen.

TIPPS   *Feldsalat ist einer der gesündesten Salate. Er ist reich an Beta-Carotin und Vitamin C sowie Folsäure. Zudem enthält er viel Eisen. Putze den Feldsalat gründlich, denn meist ist er noch etwas erdig. Immer erst in kaltem Wasser waschen und nach dem Trocknen die Wurzelansätze entfernen, ohne die Blattrosette zu zerstören. Bei Feldsalat mit Öl geizen, er verliert sonst seine schöne Form. Deshalb kein weiteres Öl hinzufügen, zumal die Kichererbsen genug Fett beisteuern.*

Griechischer Kartoffelsalat

ZUBEREITUNGSZEIT 55 MINUTEN
FÜR 2 PERSONEN

650 g festkochende Kartoffeln
(z. B. Linda)
Salz
1 mittelgroße rote Zwiebel
½ grüne Paprikaschote
1 kleine rote Paprikaschote
2 Frühlingszwiebeln
100–150 ml heiße Gemüsebrühe
2 EL Essig
schwarzer Pfeffer aus der Mühle
1 TL getrockneter Oregano
4 EL Olivenöl

1 **Kartoffeln** ungeschält in **Salzwasser** bei mittlerer Hitze ca. 30 Minuten gar kochen. Abgießen und abtropfen lassen. Nach ca. 10 Minuten schälen. **2** Während die Kartoffeln kochen, die **Zwiebel** schälen und fein hacken. Die **Paprikaschoten** waschen und entkernen. Mit einem Sparschäler die Haut abziehen und das Fruchtfleisch in kleine Würfel schneiden. Die **Frühlingszwiebeln** waschen, putzen und in feine Scheiben schneiden. **3** Die noch warmen Kartoffeln nach dem Schälen in ca. 5 mm dicke Scheiben schneiden und in eine große Schüssel geben. Erst einen Teil der **Gemüsebrühe** hinzugeben und darauf achten, dass die Kartoffeln nicht in Flüssigkeit baden, eventuell später noch etwas nachgießen. Zwiebeln, Paprikawürfel und Frühlingszwiebeln hineingeben und alles behutsam vermengen. Mit **Essig, Salz** und **Pfeffer** würzen. **Oregano** hineinmischen und **Olivenöl** hinzufügen. Nochmals alles gut vermengen.

TIPPS *Der Kartoffelsalat bekommt durch Paprika, Frühlingszwiebeln und Oregano eine mediterrane Note. Das Olivenöl erst zum Schluss hinzufügen, sonst legt sich ein Fettfilm über die Kartoffeln und die Gewürzaromen werden nicht so gut aufgenommen.*
Für Kartoffelsalat brauchst du festkochende Kartoffeln. Die Kartoffeln der Sorte Linda finde ich sehr aromatisch und gut geeignet.

Möhren-Cranberry-Salat

♥

ZUBEREITUNGSZEIT 10 MINUTEN
FÜR 2 PERSONEN

400 g Kohlrabi

300 g Möhren

1 Apfel

30 g Pinienkerne

60 g getrocknete Cranberrys

1 EL Olivenöl

2 TL Zitronensaft

1 Spritzer Agavendicksaft

Salz

1 **Kohlrabi, Möhren** und **Apfel** schälen, den Apfel auch entkernen und alles in eine große Schüssel reiben. Den Inhalt der Schüssel in ein frisches Küchentuch geben und auswringen.

2 Die Gemüseraspel wieder in die Schüssel geben und mit **Pinienkernen** sowie **Cranberrys** vermischen. **Olivenöl, Zitronensaft** und **Agavendicksaft** hinzufügen und alles nochmals vermengen. Mit **Salz** würzen.

TIPPS *Damit der Salat nicht wässrig wird, ist der Trick mit dem Küchentuch ganz hilfreich.*
Rohe Salate sind sehr gesund, da sie ihre Vitamine und Mineralstoffe nicht durch das Kochen verloren haben. Cranberrys liefern viel Vitamin C und sind reich an Antioxidantien. Pinienkerne haben einen wunderbar leichten Nussgeschmack und enthalten sehr viel Selen. (Deutschland ist übrigens ein Selen-Mangelgebiet. Deshalb unbedingt auf eine ausreichende Selen-Zufuhr achten.)

Nudelsalat Puttanesca-Style

ZUBEREITUNGSZEIT 20 MINUTEN
FÜR 4 PERSONEN

Salz

400 g Penne

1 Zwiebel

2 Knoblauchzehen

4 cm rote Peperoni

2 EL Olivenöl

1 Dose gehackte Tomaten
    (260 g Abtropfgewicht)

80 g Tomatenmark

1 Spritzer Agavendicksaft

60 g Kapern und 1 EL Kapernwasser

120 g schwarze entsteinte Oliven

schwarzer Pfeffer aus der Mühle

2 EL Nudelwasser von den Penne

10 g Petersilienblättchen und
    20 g Pinienkerne zum Garnieren

1 In einem großen Topf Wasser zum Kochen bringen. **Salz** hinzufügen und **Penne** nach Packungsangabe darin al dente kochen. Immer mal wieder umrühren, damit die Nudeln nicht verkleben. **2** In der Zwischenzeit **Zwiebel** und **Knoblauchzehen** schälen und fein hacken. **Peperoni** waschen, entkernen und in kleine Scheiben schneiden. In einer Pfanne **Olivenöl** erhitzen und zuerst die Zwiebeln bei kleiner Hitze glasig andünsten, dann den Knoblauch und die Peperoni hinzufügen und kurz mit andünsten. Die gehackten **Tomaten** zugeben und 4 Minuten köcheln lassen. Das **Tomatenmark** einrühren. Mit einem Spritzer **Agavendicksaft** abschmecken. Weitere 3 Minuten köcheln lassen. Pfanne vom Herd nehmen. **3** Etwas Nudelwasser abschöpfen und zur Seite stellen. Penne in ein Sieb gießen, mit kaltem Wasser abschrecken und abtropfen lassen. Die **Kapern** in ein Sieb gießen und dabei etwas Kapernwasser auffangen. Die **Oliven** halbieren. Kapern und Oliven in die Tomatensauce geben. Mit **Salz** und **Pfeffer** würzen. Penne in eine Schüssel geben. Dann Tomatensauce, Nudelwasser und Kapernwasser hinzufügen. Alles gut vermengen. **Petersilie** waschen, trocken tupfen und in feine Streifen schneiden. Mit den **Pinienkernen** über den Salat streuen.

TIPP   *Wichtig ist zum einen, dass die Penne noch etwas al dente sind, wenn man sie für einen Nudelsalat verwendet, und zum anderen, dass sie mit kaltem Wasser abgeschreckt werden. Sonst wird der Nudelsalat schnell zu matschig.*

Rote-Bete-Salat

ZUBEREITUNGSZEIT 10 MINUTEN
FÜR 2 PERSONEN

500 g vorgegarte Rote Bete
   (Vacupack)
80 g getrocknete und entsteinte
   Pflaumen
50 g Walnusskerne
10 g Schnittlauch
1 EL Mayonnaise (Rezept S. 124)
2 TL Balsamico-Essig
1 Msp. Meerrettich aus dem Glas
Salz
schwarzer Pfeffer aus der Mühle

1 **Rote Bete** in kleine Würfel schneiden. **Pflaumen** und **Walnusskerne** fein hacken. **Schnittlauch** waschen, trocken tupfen und fein schneiden. Alle Zutaten in eine große Schüssel geben. **Mayonnaise, Balsamico-Essig** und **Meerrettich** hinzufügen und alles vermischen. Mit **Salz** und **Pfeffer** würzen. Bei Bedarf noch mehr **Meerrettich** hineingeben.

TIPPS   *Meerrettich ist wirklich sehr scharf, deshalb besser mit einer kleinen Dosis anfangen und lieber noch nachwürzen. Wenn du Angst vor Verfärbungen hast, solltest du beim Schneiden der Roten Bete Gummihandschuhe tragen. Allerdings färbt die Rote Bete aus der Vakuumverpackung nicht so stark ab wie die frisch gekochten Knollen. Rote-Bete-Saft eignet sich übrigens sehr gut als Lebensmittelfarbe.*

Rucola-Belugalinsen-Salat mit Papaya

ZUBEREITUNGSZEIT 40 MINUTEN
FÜR 2 PERSONEN

100 g Belugalinsen

80 g Rucolasalat

2 ½ TL Balsamico-Essig

Salz

schwarzer Pfeffer aus der Mühle

1 TL Olivenöl

100 g Papayafruchtfleisch, gewürfelt

1 **Belugalinsen** in ein Sieb geben, gut abspülen und abtropfen lassen. In einem kleinen Topf mit 300 ml Wasser ohne Salzzugabe aufkochen und 30 Minuten garen. Circa 5 Minuten im Topf abkühlen lassen. **2** In der Zwischenzeit den **Rucolasalat** waschen und trocken schleudern. Linsen mit 1 ½ TL **Balsamico-Essig** sowie **Salz** und **Pfeffer** würzen. Den Rucolasalat in eine große Schüssel geben und mit restlichem **Balsamico-Essig, Olivenöl, Salz** und **Pfeffer** anmachen. Erst die Linsen, dann die **Papayawürfel** behutsam unterheben.

„Gesundheit ist nicht alles, aber ohne Gesundheit ist alles nichts."

Arthur Schopenhauer

TIPP *Belugalinsen sind besonders fein und leicht nussig im Geschmack. Man erkennt sie an ihrer schwarz glänzenden Farbe. Der Name leitet sich wegen der ähnlichen optischen Anmutung von Belugakaviar ab, sie werden deshalb auch als Kaviarlinsen bezeichnet.*

Warmer Soba-Nudelsalat

ZUBEREITUNGSZEIT 30 MINUTEN

FÜR 2 PERSONEN

Dressing

1–2 EL Kokosmilch

2 EL Sojasauce

1 EL Zitronensaft

1 Msp. Cayennepfeffer

5 g Korianderblättchen

Soba-Nudelsalat

100 g Soba-Nudeln

½ rote Paprikaschote

1 Möhre (60–70 g)

100 g Chinakohl

40 g Mungobohnensprossen

2 Minimaiskolben

40 g Mangofruchtfleisch

1 EL Sesamöl

1 TL geschälter und
     gehackter Ingwer

4 EL Sojasauce

Außerdem

20 g gehackte Erdnüsse und etwas
     Koriandergrün zum Garnieren

1 Für das Dressing in einer großen Schüssel **Kokosmilch, Sojasauce, Zitronensaft** und **Cayennepfeffer** verquirlen. Den **Koriander** waschen, trocken tupfen und fein hacken. Unter das Dressing mischen. **2** Für den Salat die **Soba-Nudeln** in einen großen Topf mit kochendem Wasser geben und nach Packungsanweisung ca. 4 Minuten gar kochen. In ein Sieb abgießen und mit kaltem Wasser gründlich abspülen. **Paprikaschote** und **Möhre** mit einem Sparschäler schälen. Paprika in feine Würfel und Möhre mit dem Sparschäler in feine Streifen schneiden. Den **Chinakohl** waschen und in feine Streifen schneiden. **Mungobohnensprossen** in ein Sieb geben und gründlich abwaschen. **Minimaiskolben** waschen und vierteln. **Mangofruchtfleisch** mit einem scharfen Messer in feine Streifen schneiden. **3** **Sesamöl** in einer großen Pfanne erhitzen. Paprika bei mittlerer Hitze und unter gelegentlichem Rühren ca. 3 Minuten anbraten. Den **Ingwer** kurz mit andünsten. Dann mit der **Sojasauce** ablöschen. **4** Maiskolben und Möhrenstreifen hinzufügen und bei mittlerer Hitze 1 Minute anbraten. Chinakohl hinzufügen und 1 weitere Minute unter Rühren braten. Mungobohnensprossen unterheben. Pfanne von der Herdplatte nehmen. **5** Soba-Nudeln mit dem Dressing gut vermengen und über den Pfanneninhalt geben. Mangostreifen hinzufügen und alles behutsam vermengen. **6** Den Soba-Nudelsalat in zwei tiefe Schalen geben und mit gehackten **Erdnüssen** sowie **Koriander** garnieren.

Kurzweilige Snacks

Geröstete Kichererbsen

ZUBEREITUNGSZEIT 40 MINUTEN
FÜR 4 PERSONEN ALS SNACK

1 Dose Kichererbsen
(480 g Abtropfgewicht)
2 EL Olivenöl
1 TL Harissa
1 TL Currypulver
1 TL scharfes Paprikapulver
1 Msp. Cayennepfeffer
Salz
2–3 Rosmarinzweige

1 **Kichererbsen** in ein Sieb abgießen und mit Wasser gründlich abspülen. Abtropfen lassen und zusätzlich mit etwas Küchenpapier trocken tupfen. In einer großen Schüssel gut mit **Olivenöl** und **Harissa** vermengen. **Gewürze** und etwas **Salz** hinzufügen und nochmals vermischen. **2** Den Ofen auf 200 °C Ober-/Unterhitze (180 °C Umluft) vorheizen. **Rosmarinzweige** waschen, trocken tupfen und zur Kichererbsenmischung geben. Ein Backblech mit Backpapier auslegen und die Kichererbsen gleichmäßig darauf verteilen. Circa 30 Minuten in den Ofen schieben. Die Kichererbsen herausnehmen und etwas abkühlen lassen. Die Rosmarinzweige entfernen. **3** In eine Schale füllen.

TIPPS *Dieser Snack ist gesund und schmeckt am besten, wenn die Kichererbsen noch etwas warm sind. Harissa ist eine scharfe Gewürzpaste aus Nordafrika. Die bekommst du im gut sortierten Supermarkt oder türkischen Lebensmittelgeschäft.*
Die Kichererbsen sollten noch am selben Tag weggenascht werden, da sie sonst trocken werden. Ich benutze geröstete Kichererbsen auch für die Kichererbsen-Linsen-Suppe (Rezept S. 76) als Einlage.

Olivenpesto

♥

ZUBEREITUNGSZEIT 10 MINUTEN
FÜR 250 ML

240 g grüne Oliven mit Mandeln

50–60 g Petersilie

3 Knoblauchzehen

120 g Rosinen

40 ml Olivenöl

1 **Oliven** abtropfen lassen. **Petersilie** waschen, trocken tupfen und mit Stielen grob hacken. **Knoblauchzehen** schälen. Alles mit **Rosinen** und **Olivenöl** in einen starken Standmixer geben und zu einer cremigen Paste mixen.

TIPPS   *Dieses Pesto hat eher die Konsistenz eines Aufstrichs. Am besten schmeckt mir dieses Pesto zu frischem Brot (Rezept S. 35), man kann es aber auch in frisch gekochte Pasta mischen. Durch die Rosinen bekommt es eine leicht süßliche Note. Im Kühlschrank hält es sich gut verschlossen ein paar Tage.*

Pumpernickel-Sandwiches

ZUBEREITUNGSZEIT 10 MINUTEN
FÜR 6 SANDWICHES

6 getrocknete, in Öl eingelegte Tomaten

6 große Basilikumblätter

12 kleine runde Pumpernickel-Scheiben

12 TL Paprika-Cream-Cheese
(Rezept S. 30)

1 Die **getrockneten Tomaten** kurz abtropfen lassen. Die **Basilikumblätter** waschen und trocken tupfen. **2** **Pumpernickel-Scheiben** mit je 1 TL **Paprika-Cream-Cheese** bestreichen. Auf sechs Scheiben jeweils eine getrocknete Tomate legen und darauf ein Basilikumblatt legen. Restliche Scheiben aufsetzen, sodass sechs Sandwiches entstehen.

*„Das Essen soll zuerst
das Auge erfreuen
und dann den Magen.“*

Johann Wolfgang von Goethe

TIPPS *Pumpernickel ist ein Vollkornbrot aus Roggenschrot. Im gut sortierten Supermarkt findest du den Pumpernickel schon vorgeschnitten in runder Form (250-g-Rolle).*
Diese Sandwiches sind sehr schnell zubereitet und schmecken durch die eingelegten Tomaten schön saftig. Deshalb bitte nur die in Öl eingelegten Tomaten verwenden.

Radieschen-Zaziki

ZUBEREITUNGSZEIT 20 MINUTEN // RUHEZEIT 12 STUNDEN
FÜR 2 PERSONEN

Sojaquark

800 g Sojajoghurt

Zaziki

12 Radieschen

4 Knoblauchzehen

2 TL Dillspitzen

4 EL Olivenöl

2 EL Essig

Salz

schwarzer Pfeffer aus der Mühle

Außerdem

2 Kaffeefilter (Größe 4)

1 Für den Sojaquark zwei feinmaschige Siebe auf kleine Töpfe setzen. Kaffeefilter mit dem **Sojajoghurt** füllen und aufrecht in die Siebe stellen. Den Joghurt am besten über Nacht im Kühlschrank abtropfen lassen. **2** Am nächsten Tag den Sojaquark mit einem Löffel aus den Filtern kratzen. Die abgetropfte Flüssigkeit kann entsorgt werden. **3** Den Sojaquark in eine Schüssel geben. Die **Radieschen** putzen, waschen und die Ecken oben und unten abschneiden. Fein hacken und unter den Sojaquark heben. Die **Knoblauchzehen** schälen und durch eine Knoblauchpresse dazudrücken. Alles gut umrühren. Die **Dillspitzen** waschen, trocken tupfen, fein hacken und unter die Masse heben. **Olivenöl** und **Essig** einrühren. Großzügig mit **Salz** und **Pfeffer** würzen.

TIPP *Der Zaziki könnte auch mit Sojajoghurt (dann aber nur mit einem Becher à 400 g) zubereitet werden, allerdings ist dann die Konsistenz etwas wässrig. Deshalb nehme ich lieber Sojaquark, der schon sehr an den griechischen Joghurt mit seiner dickeren Konsistenz erinnert und den Zaziki sehr cremig macht.*

Rote-Linsen-Topping

ZUBEREITUNGSZEIT 20 MINUTEN

FÜR 2 PERSONEN

1 Schalotte

1 Knoblauchzehe

2 cm Ingwer

2 EL Olivenöl

160 g rote Linsen

½ TL Currypulver

2 EL Essig

300 ml kochende Gemüsebrühe

Salz

schwarzer Pfeffer aus der Mühle

1 Msp. Cayennepfeffer

1 EL frisch gehackte Petersilie

1 EL Sonnenblumenkerne

1 **Schalotte, Knoblauchzehe** sowie **Ingwer** schälen und fein hacken. In einem Topf **Olivenöl** erhitzen und die Schalotten darin bei kleiner Hitze glasig andünsten. Knoblauch und Ingwer hinzufügen und kurz mit andünsten. **2** Die **Linsen** unterrühren, das **Currypulver** hinzufügen und kurz anschwitzen. Mit **Essig** ablöschen und 2 Minuten köcheln lassen. **Gemüsebrühe** angießen und mit **Salz, Pfeffer** und **Cayennepfeffer** würzen. Circa 10 Minuten bei kleiner Hitze köcheln lassen, bis die Flüssigkeit aufgesogen ist. Die Linsen sollten noch bissfest sein. **3** Vom Herd nehmen und **Petersilie** sowie **Sonnenblumenkerne** hinzufügen. Alles gut vermengen.

TIPP   *Die roten Linsen nach diesem Rezept sind bereits eine fertige kleine Mahlzeit, eignen sich aber hervorragend auch als Topping für Salate oder für Gemüse wie Brokkoli. Es kommt sehr darauf an, dass die Linsen nicht verkochen, sondern noch schön knackig sind.*

Remoulade

ZUBEREITUNGSZEIT 10 MINUTEN

FÜR CA. 240 G

200 ml Sonnenblumenöl

100 ml ungesüßte Sojamilch

1 Spritzer Zitronensaft

½ TL Salz

½ TL Senf

1 TL Kapern in Lake (Glas)
    und 1 TL Kapernwasser

5 Minicornichons

10 g Schnittlauch

1 **Sonnenblumenöl** in ein hohes Rührgefäß füllen und die **Sojamilch** dazugießen. Beide Zutaten sollten Zimmertemperatur haben. Einen Stabmixer in das Rührgefäß stellen, den Power-Button drücken und das Gerät langsam hochziehen. Den Vorgang mehrfach wiederholen, bis die Masse dicker geworden ist. **2** **Zitronensaft** hinzufügen und noch einmal auf dieselbe Weise mixen, bis eine cremige, feste Konsistenz entstanden ist. **Salz** und **Senf** hinzufügen. **Kapern** in ein Sieb gießen und dabei 1 TL Kapernwasser auffangen. Kapern klein hacken und mit dem aufgefangenen Kapernwasser zur Creme geben. **Minicornichons** in feine Scheiben schneiden. Den **Schnittlauch** waschen, trocken tupfen und fein schneiden. Beides ebenfalls zur Remoulade geben und alles gut verrühren.

TIPP   *Wenn man nur Sonnenblumenöl, Sojamilch, einen Spritzer Zitronensaft und etwas Salz mit derselben Technik zubereitet, erhält man eine gute Mayonnaise. Bitte auch die Hinweise zur Herstellung von Aioli beachten (Rezept S. 124).*

Süßkartoffelpommes mit Aioli

♥

ZUBEREITUNGSZEIT 30 MINUTEN
FÜR 2 PERSONEN

Süßkartoffelpommes

550 g Süßkartoffeln

2 EL Olivenöl

Salz

schwarzer Pfeffer aus der Mühle

3 Rosmarinzweige

grobkörniges Meersalz

Aioli

3 Knoblauchzehen

200 ml Sonnenblumenöl

100 ml ungesüßte Sojamilch

1 Spritzer Zitronensaft

Salz

Außerdem

1 EL Thymianblättchen
   zum Garnieren

1 Für die Pommes die **Süßkartoffeln** mit einem Sparschäler schälen und in Pommes-Stifte schneiden. Mit **Olivenöl, Salz** und **Pfeffer** in eine große Schüssel geben und alles vermengen. Die **Rosmarinzweige** waschen und trocken tupfen. Dann die Nadeln abzupfen und mit den Händen unter die Kartoffeln heben.
2 Den Backofen auf 190 °C Ober-/Unterhitze (170 °C Umluft) vorheizen. Pommes auf einem mit Backpapier ausgelegten Backblech verteilen und ca. 20 Minuten in den Backofen schieben. 3 Für die Aioli in der Zwischenzeit die **Knoblauchzehen** schälen und fein hacken. Das **Sonnenblumenöl** in ein hohes Rührgefäß füllen und **Sojamilch** dazugießen; beide Zutaten sollen Zimmertemperatur haben. Einen Stabmixer in das Rührgefäß stellen, den Power-Button drücken und den Stab langsam hochziehen. Den Vorgang mehrfach wiederholen, bis die Masse dicker wird. **Zitronensaft** und den fein gehackten Knoblauch hinzufügen. Nochmals den Mixer einsetzen, bis eine cremige, feste Konsistenz entstanden ist. Aioli leicht **salzen** und in eine kleine Schale füllen. Mit frischem **Thymian** garnieren.
4 Die Süßkartoffelpommes aus dem Ofen nehmen und kurz abkühlen lassen. Nach Geschmack mit etwas grobkörnigem **Meersalz** bestreuen. Mit der Aioli servieren.

TIPP   *Das Herstellen der Aioli ist im Grunde einfach, allerdings kann bei fehlender Übung die Zubereitung auch mal scheitern. Nicht verzweifeln, wenn die Masse beim ersten Mal nicht cremig wird, das passiert den besten Köchen. In diesem Fall einfach noch einmal von vorn anfangen. Und darauf achten: Das Sonnenblumenöl und die Sojamilch sollen möglichst die gleiche Temperatur haben. Immer zuerst das Sonnenblumenöl in das Rührgefäß gießen, danach die Sojamilch. Nur den Stabmixer verwenden, weil man ihn hochziehen kann, nicht den Standmixer. Den Zitronensaft gebe ich erst hinzu, wenn die Masse schon etwas dick geworden ist. Im Kühlschrank hält sich die Aioli einige Tage.*

Tomaten-Raita

4 Roma-Tomaten

1 Schalotte

2 EL Olivenöl

1 Msp. gemahlener Kreuzkümmel

1 Msp. Cayennepfeffer

400 ml Sojajoghurt

Salz

schwarzer Pfeffer aus der Mühle

1 Die **Roma-Tomaten** oben und unten kreuzförmig einritzen und ca. 30 Sekunden in einem Topf mit kochendem Wasser ziehen lassen. Das Wasser abgießen und die Haut der Tomaten mit einem kleinen Messer abziehen. Die Tomaten in Viertel schneiden und das wässrige Innere entfernen. Das Tomatenfruchtfleisch in sehr kleine Würfel schneiden. **2** **Schalotte** schälen und fein hacken. In einer Pfanne **Olivenöl** erhitzen und die Schalotten darin bei kleiner Hitze glasig andünsten. **Kreuzkümmel** und **Cayennepfeffer** hinzufügen und einrühren. Pfanne vom Herd nehmen. **3** Den **Sojajoghurt** in eine Schüssel geben und die gedünstete Schalotte einrühren. Dann die Tomatenwürfel unterheben. Mit **Salz** und **Pfeffer** würzen und nochmals alles gut vermengen.

TIPPS   *Raita ist ein indischer Joghurtdip. Es gibt ihn in vielen unterschiedlichen Variationen. Im Gegensatz zum Zaziki bevorzuge ich hier Sojajoghurt, damit die Konsistenz nicht zu fest wird. Allerdings sollten die Tomaten sorgfältig vom Innenteil befreit sein, damit der Joghurt nicht wässrig wird. Kreuzkümmel gibt dem Ganzen eine orientalische Note.*

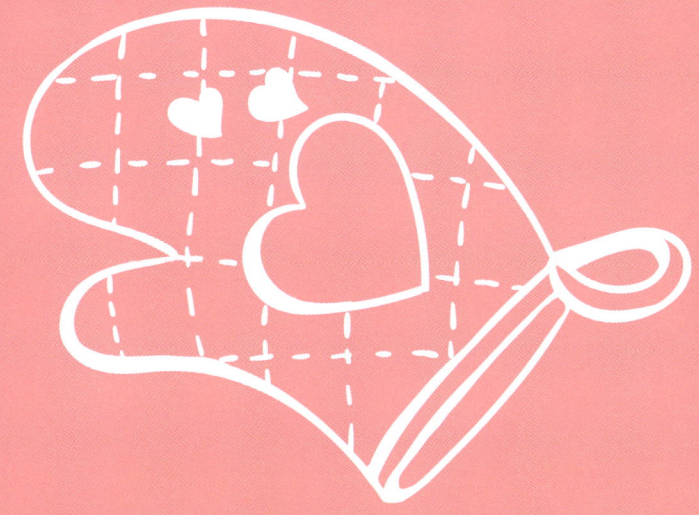

Herzhafte
Hauptspeisen

➤➤➤ ♡ ◀◀◀

Bulgur mit Kürbis und Roter Bete

ZUBEREITUNGSZEIT 35–40 MINUTEN
FÜR 2 PERSONEN

Kürbis

400 g Hokkaido-Kürbis
2 EL Olivenöl
1 EL Zitronensaft
Salz

Bulgur

1 Schalotte
1 Knoblauchzehe
2 EL Olivenöl
100 g Bulgur
1 TL Tomatenmark
Salz
schwarzer Pfeffer aus der Mühle
180 g vorgegarte Rote Bete (Vacupack)

Dressing

40 ml Olivenöl
1 EL Limettensaft
3 cm rote Peperoni
10 g Minzblätter und etwas für
   die Garnitur
Salz
schwarzer Pfeffer aus der Mühle

1 Für den Kürbis den Backofen auf 250 °C Ober-/Unterhitze (230 °C Umluft) vorheizen. **Kürbis** waschen, halbieren und mit einem Esslöffel die Kerne herauslösen. Gut 300 g Kürbisfleisch abwiegen, in kleine Würfel schneiden und in eine Schüssel geben. **Olivenöl, Zitronensaft** und etwas **Salz** hinzufügen und alles mit den Händen vermengen. Den Kürbis auf einem mit Backpapier ausgelegten Backblech verteilen. Im Backofen 15–18 Minuten auf der obersten Schiene backen, bis er leicht gebräunt ist. **2** Für den Bulgur in der Zwischenzeit **Schalotte** und **Knoblauchzehe** schälen und fein hacken. In einem Topf **Olivenöl** erhitzen und die Schalotten darin bei kleiner Hitze glasig andünsten. Knoblauch hinzufügen und mit andünsten. Bulgur zugeben und alles gut umrühren. **Tomatenmark** einrühren. Mit 300 ml kochendem Wasser ablöschen und bei kleiner Hitze ca. 15 Minuten köcheln lassen. Mit **Salz** und **Pfeffer** würzen. Topf vom Herd nehmen und mit einem Deckel bedecken. Bulgur noch 5–10 Minuten quellen lassen. Die **Rote Bete** abtropfen lassen und in kleine Würfel schneiden. **3** Für das Dressing in einer kleinen Schüssel **Olivenöl** mit **Limettensaft** vermischen. **Peperoni** waschen, entkernen und in kleine Stücke schneiden. Peperoni und **Minze** mit dem Olivenölgemisch vermengen und mit **Salz** und **Pfeffer** würzen. **4** Den Bulgur in eine große Schüssel geben. Die Kürbiswürfel und Rote-Bete-Würfel hinzufügen und behutsam unterheben. Das Dressing zugeben und alles mit den Händen vermengen. Mit **Minze** verzieren.

Burrito Bowl

ZUBEREITUNGSZEIT 35–40 MINUTEN
FÜR 2 PERSONEN

Quinoa

150 g Quinoa
400 ml Gemüsebrühe

Tomatensalsa

1 kleine Zwiebel
1 Knoblauchzehe
2 EL Olivenöl
1 Dose gehackte Tomaten
   (260 g Abtropfgewicht)
1 TL Currypulver
½ TL Cayennepfeffer
1 Spritzer Agavendicksaft
Salz
schwarzer Pfeffer aus der Mühle

Maismischung

1 Dose Kidneybohnen
   (250 g Abtropfgewicht)
1 Dose Mais (285 g Abtropfgewicht)
1 Schalotte
1 EL Olivenöl
1 Prise Salz

Guacamole

1 große reife Avocado
1 EL Olivenöl
1 EL Zitronensaft
Salz
schwarzer Pfeffer aus der Mühle

Außerdem

frische Korianderblättchen und 1 Handvoll
   Tortillachips zum Garnieren

1 **Quinoa** in ein feinmaschiges Sieb geben. Mit heißem Wasser abspülen und abtropfen lassen. Dann in einen Topf füllen und die **Gemüsebrühe** angießen. Bei mittlerer Hitze unter Rühren zum Kochen bringen. Circa 20 Minuten bei kleiner Hitze köcheln lassen. Wenn das Wasser vollständig aufgesogen ist, den Topf vom Herd nehmen und die Quinoa abkühlen lassen. **2** Für die Tomatensalsa **Zwiebel** und **Knoblauchzehe** schälen und fein hacken. In einer Pfanne **Olivenöl** erhitzen und darin zuerst die Zwiebeln bei kleiner Hitze glasig andünsten und dann den Knoblauch kurz mit andünsten. **Tomaten** zugeben und 3 Minuten köcheln lassen. Mit **Currypulver, Cayennepfeffer, Agavendicksaft, Salz** und **Pfeffer** würzen. Pfanne zur Seite stellen. **3** Für die Maismischung die **Kidneybohnen** in ein Sieb gießen, mit Wasser abspülen und abtropfen lassen. Den **Mais** ebenfalls abspülen und abtropfen lassen. Die **Schalotte** schälen und fein hacken. Kidneybohnen, Mais und Schalotten in einer Schüssel mit **Olivenöl** vermengen. Mit **Salz** würzen. **4** Für die Guacamole die **Avocado** schälen, den Kern entfernen und das Fruchtfleisch in kleine Stücke schneiden. Mit einer Gabel die Avocadostücke zerdrücken, bis eine Mousse entsteht. **Olivenöl** und **Zitronensaft** hinzufügen und gut verrühren. Mit **Salz** und **Pfeffer** würzen. **5** In zwei Essschalen anrichten: zuerst die Quinoa hineingeben, dann die Tomatensalsa und anschließend die Maismischung. Zuletzt die Guacamole daraufgeben und alles mit **Koriander** sowie **Tortillachips** garnieren.

Pilzgraupen nach Risotto-Art

ZUBEREITUNGSZEIT 30 MINUTEN
FÜR 2 PERSONEN

100 g mittelgroße Perlgraupen

2 Schalotten

70 g Staudensellerie

6 EL Olivenöl

100 ml Weißwein

200 ml Gemüsebrühe

150 g braune Champignons

20 g Petersilienblättchen

Salz

schwarzer Pfeffer aus der Mühle

3–4 EL gehobelte Mandeln zum Garnieren

1 Die **Perlgraupen** in einem feinmaschigen Sieb abbrausen und das Wasser abtropfen lassen. **Schalotten** schälen und fein hacken. **Staudensellerie** waschen, in kleine Würfel schneiden und dann sehr fein hacken. 2 2 EL **Olivenöl** in einem mittelgroßen Topf erhitzen und die Hälfte der Schalotten darin andünsten. Sellerie zugeben und unter Rühren mit andünsten. Graupen einrühren. Mit **Weißwein** ablöschen und bei mittlerer bis kleiner Hitze kurz einkochen lassen. Dann die **Gemüsebrühe** angießen, nochmals gut umrühren und das Ganze zum Kochen bringen. Bei kleiner Hitze ca. 15 Minuten köcheln lassen. 3 In der Zwischenzeit die **Champignons** mit einem Pinsel säubern, die Stiele abschneiden und die Hüte in kleine Scheiben schneiden. **Petersilie** waschen, trocken tupfen und fein hacken. In einer Pfanne restliches **Olivenöl** erhitzen und den Rest der Schalotten darin andünsten. Pilze hinzufügen und bei kleiner Hitze 2 Minuten braten. Nun die Petersilie in die Pilzmasse rühren. 4 Wenn die Graupen die Flüssigkeit vollkommen aufgesogen haben, mit **Salz** und **Pfeffer** würzen. Zum Schluss die Pilzmasse unterheben. 5 Den „Risotto" auf zwei Tellern verteilen und mit den gehobelten **Mandeln** bestreuen.

TIPPS   *Graupen sind geschälte Gerstenkörner, die es in unterschiedlichen Größen gibt. Perlgraupen haben die feinste Qualität. Die Pilze nicht waschen, dann saugen sie sich mit Wasser voll. Am besten mit einem kleinen Pinsel säubern oder mit einem Küchentuch behutsam abreiben. Wenn du keine braunen Champignons zur Hand hast, kannst du auch andere Pilze verwenden.*

Kohlrabi-Schnitzel-Burger

ZUBEREITUNGSZEIT 35 MINUTEN
FÜR 4 BURGER

1 kleiner Kohlrabi
Salz
Zitronensaft
schwarzer Pfeffer aus der Mühle
etwas Mehl
2 ½ EL Sojamehl
40 g Cornflakes
5 EL Sonnenblumenöl
4 Blätter Romana-Salat
1 Fleischtomate
1 rote Zwiebel
100 g Alfalfa-Sprossen
4 Vollkornbrötchen
8 EL Remoulade (Rezept S. 123)

1 **Kohlrabi** schälen und in vier jeweils 8 mm dicke Scheiben schneiden. In einen Topf mit kochendem **Salzwasser** geben und bei mittlerer Hitze ca. 16 Minuten kochen. Die Kohlrabischeiben sollen gar, aber noch etwas bissfest sind. Abtropfen lassen. Auf einen mit Küchenpapier ausgelegten Teller legen und mit dem **Zitronensaft** beträufeln. Von beiden Seiten **salzen** und **pfeffern.** **2** Für die Panade **Mehl** auf einen Teller geben. In einer kleinen Schüssel **Sojamehl** mit 50 ml Wasser vermischen. **Cornflakes** in eine Schüssel geben und mit den Händen crunchen. Die Kohlrabischeiben zuerst leicht mehlieren, dann in dem Sojamehlgemisch und anschließend in den Cornflakes wenden, sodass die Scheiben schön gleichmäßig von der Panade umhüllt sind. Auf einem Teller ablegen. **3** Das **Sonnenblumenöl** in einer Pfanne auf 170 °C erhitzen. Das Öl hat die richtige Temperatur, wenn der eingetauchte Holzstiel eines Kochlöffels Bläschen wirft. Die panierten Kohlrabischeiben behutsam in die Pfanne geben und bei mittlerer Hitze von jeder Seite ca. 1 Minute braten, bis die Panade eine leicht goldbraune Kruste bekommt. Darauf achten, dass das Öl nicht zu heiß wird. Kohlrabischnitzel auf einem mit Küchenpapier ausgelegten Teller abtropfen lassen. **4** **Salatblätter** waschen und trocken schleudern. **Tomate** waschen und in Scheiben schneiden. **Zwiebel** schälen und in feine Ringe schneiden. **Alfalfa-Sprossen** gut waschen und trocken tupfen. Die **Vollkornbrötchen** halbieren und die Innenseiten je mit 1 EL **Remoulade** bestreichen. Auf die untere Brötchenhälfte jeweils ein Salatblatt legen und ein Kohlrabischnitzel daraufsetzen. Mit Zwiebelringen und ein bis zwei Tomatenscheiben belegen. **Salz** und **Pfeffer** aufstreuen. Mit den Alfalfa-Sprossen toppen und die obere Brötchenhälfte behutsam aufsetzen. Leicht zusammendrücken und frisch genießen.

Linsenbolognese

♥

ZUBEREITUNGSZEIT 20 MINUTEN
FÜR 4 PERSONEN

500 g Tagliatelle

Salz

1 Dose grüne Linsen
   (240 g Abtropfgewicht)

100 g Möhren

100 g Zucchini

1 rote Zwiebel

1 Knoblauchzehe

2 EL Olivenöl

1 Dose gehackte Tomaten
   (260 g Abtropfgewicht)

20 ml Rotwein

50 g Tomatenmark

1 Spritzer Agavendicksaft

100 g Sonnenblumenkerne

1 TL getrockneter Oregano

schwarzer Pfeffer aus der Mühle

frische Basilikumblätter
   zum Garnieren

1 **Tagliatelle** in kochendem **Salzwasser** 9–12 Minuten al dente garen. Dabei gelegentlich umrühren, damit sie nicht verkleben. **2** **Linsen** mit Wasser abspülen und abtropfen lassen. **Möhren** schälen und fein raspeln. **Zucchini** waschen, Enden abschneiden und fein raspeln. **Zwiebel** und **Knoblauchzehe** schälen und fein hacken. **3** In einer großen Pfanne **Olivenöl** erhitzen. Zwiebeln und Knoblauch darin andünsten. **Tomaten** und **Rotwein** zufügen und bei mittlerer Hitze ca. 2 Minuten kochen lassen. Das **Tomatenmark** und einen Spritzer **Agavendicksaft** einrühren. Dann Möhren und Zucchini dazugeben und bei mittlerer bis kleiner Hitze unter gelegentlichem Rühren ca. 2 Minuten köcheln lassen. Linsen unterheben, die **Sonnenblumenkerne** zugeben und alles gut vermengen. Mit **Oregano, Salz** und **Pfeffer** würzen. **4** Tagliatelle in einem Sieb abtropfen lassen. Zur Linsenbolognese geben und vermengen. Sofort anrichten und mit frischen **Basilikumblättern** garnieren.

Paella

ZUBEREITUNGSZEIT 25–30 MINUTEN
FÜR 2 PERSONEN

Reis

1 mittelgroße rote Zwiebel

2 EL Olivenöl

125 g Langkornreis

350 ml Gemüsebrühe

1 TL Kurkuma

Gemüseeinlage

120 g TK-Erbsen

150 g Brokkoliröschen

Salz

½ rote Paprikaschote

140 g braune Champignons

1 große Schalotte

1 Knoblauchzehe

2 EL Olivenöl

½ TL scharfes Paprikapulver

schwarzer Pfeffer aus der Mühle

Tempeh

100 g Tempeh (in Rollenform)

3 EL Olivenöl

2 EL Sojasauce

1 TL Agavendicksaft

1 Für den Reis die **Zwiebel** schälen und fein hacken. In einem Topf **Olivenöl** erhitzen und die Zwiebeln darin bei mittlerer Hitze glasig andünsten. Den **Reis** hinzufügen und unter Rühren kurz mit anschwitzen. Mit **Gemüsebrühe** ablöschen und zum Kochen bringen. **Kurkuma** einrühren. Circa 15 Minuten abgedeckt bei kleiner Hitze köcheln lassen, bis das Wasser komplett aufgesogen und der Reis gar ist. Zur Seite stellen und bei aufgelegtem Deckel nachquellen lassen. **2** Für die Gemüseeinlage die **TK-Erbsen** auftauen lassen. **Brokkoliröschen** in einen Topf mit kochendem, leicht **gesalzenem** Wasser geben. Erbsen ebenfalls hineingeben. Circa 4 Minuten bei mittlerer Hitze kochen lassen. In ein Sieb geben und mit kaltem Wasser abschrecken. **3** **Paprikaschote** waschen, putzen und mit einem Sparschäler die Haut abziehen. In kleine Würfel schneiden. **Champignons** mit einem Pinsel säubern, die Stiele abschneiden und die Hüte in kleine Scheiben schneiden. **Schalotte** und **Knoblauchzehe** schälen und fein hacken. In einer Pfanne **Olivenöl** erhitzen und Schalotten darin glasig andünsten, den Knoblauch mitdünsten. Paprika hineingeben und bei mittlerer bis kleiner Hitze unter gelegentlichem Rühren 1–2 Minuten anbraten. Die Champignons hinzufügen und ca. 45 Sekunden unter Rühren mitgaren. Dann Brokkoli und Erbsen hineingeben und mit der Masse vermengen. Mit **Paprikapulver, Salz** und **Pfeffer** maßvoll würzen. Pfanne zur Seite stellen. **4** **Tempeh** längs halbieren und in kleine Scheiben schneiden. Das **Olivenöl** in einer kleinen Pfanne erhitzen und die Tempeh-Scheiben darin von jeder Seite bei mittlerer bis kleiner Hitze ca. 3 Minuten anbraten. Mit **Sojasauce** und **Agavendicksaft** ablöschen und die Scheiben in der Sauce schwenken. Mit einer Gabel aus der Pfanne nehmen und unter die Gemüsemischung heben. Mit dem Reis vermengen. Nochmals abschmecken.

Quinoa mit Zitronen-Mandel-Sauce

ZUBEREITUNGSZEIT 25 MINUTEN
FÜR 2 PERSONEN

200 g Quinoa
2 Schalotten
2 EL Olivenöl
500 ml Gemüsebrühe
250 g Brokkoli
Salz
120 g braune Champignons
60 g braunes Mandelmus
3 EL Zitronensaft
etwas abgeriebene Schale von
   1 unbehandelten Zitrone
1 EL Sojasauce
schwarzer Pfeffer aus der Mühle
rote Peperonischeiben zum Garnieren

TIPPS   *Das braune Mandelmus wird aus ungeschälten und gerösteten Mandeln gewonnen und ist deshalb viel intensiver im Geschmack als das weiße Mandelmus. Mandelmus ist sehr gesund, da es viel Calcium, Magnesium, Folsäure sowie wertvolles Eiweiß enthält. Der hohe Fettgehalt macht es zu einer guten Grundlage für Saucen.*
Beim Abreiben der Zitronenschale darauf achten, dass die weiße Schicht unter der gelben Schale nicht mit abgerieben wird, sie ist sehr bitter.

1 **Quinoa** in ein feinmaschiges Sieb geben und mit heißem Wasser abspülen. Abtropfen lassen. **Schalotten** schälen und fein hacken. 1 EL **Olivenöl** in einen Topf geben, das Öl erhitzen und die Hälfte der Schalotten darin glasig andünsten. Quinoa dazugeben und unter Rühren kurz mit andünsten. Mit der **Gemüsebrühe** ablöschen, dann bei mittlerer Hitze zum Kochen bringen und ca. 15 Minuten bei kleiner Hitze köcheln lassen. Sobald das Wasser vollständig aufgesogen ist, den Topf vom Herd nehmen und die Quinoa zugedeckt nachquellen lassen. **2** Während die Quinoa köchelt, den **Brokkoli** waschen, den dicken Stamm abschneiden und die Röschen abschneiden. Röschen in einen Topf mit kochendem, leicht **gesalzenem** Wasser geben. Circa 4 Minuten bei mittlerer Hitze kochen lassen. In ein Sieb abgießen und mit kaltem Wasser abschrecken. **3** **Champignons** mit einem Pinsel säubern, die Stiele abschneiden und die Hüte in kleine Scheiben schneiden. In einer großen Pfanne das restliche **Olivenöl** erhitzen und die restlichen Schalotten darin glasig andünsten. Die Champignons und den Brokkoli dazugeben und bei mittlerer Hitze nicht länger als 1 Minute anbraten. Pfanne vom Herd nehmen. **4** Für die Sauce in einer mittelgroßen Schale braunes **Mandelmus,** 50 ml Wasser, **Zitronensaft** und etwas **Zitronenabrieb** mit einem kleinen Rührbesen verquirlen. Mit **Sojasauce** und **Pfeffer** würzen. Quinoa in die Gemüsepfanne geben und behutsam mit dem Gemüse vermengen. Die Sauce über die Quinoamasse geben und alles noch einmal vermengen. Mit **Peperonischeiben** garnieren.

Sellerie-Polenta mit fruchtiger Tomatensalsa

ZUBEREITUNGSZEIT 30 MINUTEN // RUHEZEIT 1–2 STUNDEN
FÜR 2 PERSONEN

Sellerie-Polenta

150 g Knollensellerie, geputzt
Salz
500 ml Gemüsebrühe
125 g Instant-Polenta
1 Prise Muskatnuss
schwarzer Pfeffer aus der Mühle
etwas Mehl
3–4 EL Olivenöl

Tomatensalsa

1 Schalotte
1 Knoblauchzehe
4 cm rote Peperoni
1 EL Olivenöl
1 Dose gehackte Tomaten
  (260 g Abtropfgewicht)
2 EL Tomatenmark
1 Spritzer Agavendicksaft
2 TL Thymianblättchen
Salz
schwarzer Pfeffer aus der Mühle

Außerdem

1 Handvoll Himbeeren zum Garnieren

1 Für die Polenta **Knollensellerie** in kleine Würfel schneiden, dann fein hacken. In einen kleinen Topf geben und mit kochendem, leicht **gesalzenem** Wasser übergießen. 4 Minuten ruhen lassen. In ein Sieb geben und mit kaltem Wasser abschrecken. 2 **Gemüsebrühe** in einem Topf zum Kochen bringen. **Instant-Polenta** hineingeben und unter ständigem Rühren 2 Minuten köcheln lassen, bis eine dicke Masse entsteht. Sellerie unter die Polentamasse heben. Mit **Muskat, Salz** und **Pfeffer** würzen und nochmals alles gut vermengen. Die Masse in eine mit Klarsichtfolie ausgekleidete Terrinenform füllen und 1–2 Stunden ruhen lassen. 3 Polenta aus der Form stürzen, in kleine, daumendicke Stücke schneiden und in **Mehl** wenden. In einer Pfanne **Olivenöl** erhitzen und die Polentastücke darin bei kleiner Hitze von jeder Seite ca. 3 Minuten goldbraun braten. Auf Küchenpapier abkühlen lassen. 4 Für die Tomatensalsa **Schalotte** und **Knoblauchzehe** schälen und fein hacken. **Peperoni** waschen und fein hacken. **Olivenöl** in einem Topf erhitzen und die Schalotten darin glasig andünsten. Knoblauch und Peperoni hinzufügen und kurz mit andünsten. **Tomaten** hineingeben und alles ca. 2 Minuten bei mittlerer Hitze einkochen lassen. Dann das **Tomatenmark** einrühren. **Agavendicksaft** und **Thymian** hinzufügen und bei kleiner Hitze weitere 2 Minuten köcheln lassen. Mit **Salz** und **Pfeffer** würzen. 5 Polentastücke auf Tellern verteilen und die Tomatensalsa darübergeben. Mit frischen **Himbeeren** toppen.

Spaghetti mit Petersilien-Tomaten-Pesto

ZUBEREITUNGSZEIT 15 MINUTEN
FÜR 2 PERSONEN

250 g Spaghetti

Salz

3–4 Petersilienstängel (ca. 35 g)

120 g Tomatenmark

4 EL Olivenöl

1 Spritzer Agavendicksaft

schwarzer Pfeffer aus der Mühle

70 g Walnusskerne

gehackte Walnusskerne und frische
   Petersilienblättchen zum Garnieren

1 Die **Spaghetti** in kochendes **Salzwasser** geben und nach Packungsangabe al dente garen. Dabei immer wieder gut umrühren, damit sie nicht verkleben. Spaghetti in ein Sieb abgießen und abtropfen lassen. **2** Während der Kochzeit **Petersilie** waschen, trocken tupfen, die Blätter abzupfen und fein hacken. In eine große Schüssel geben. **Tomatenmark** und **Olivenöl** hinzufügen und gut verrühren. Mit **Agavendicksaft, Salz** und **Pfeffer** würzen. Die **Walnusskerne** grob hacken und unterheben. **3** Spaghetti zum Petersilien-Tomaten-Pesto geben und alles vermengen. Die Nudeln auf zwei Tellern anrichten und mit gehackten **Walnusskernen** sowie **Petersilie** garnieren.

TIPPS *Dieses Pesto schmeckt fruchtig-tomatig und die Petersilie steuert den Frischekick bei. Petersilie enthält viel Vitamin C und Eisen und ist sehr gesund.*
Die Walnusskerne sorgen für eine gute Portion Omega-3-Fettsäure. Wer eine Gluten-Unverträglichkeit hat, nimmt Reisspaghetti.

Spanakopita

♥

ZUBEREITUNGSZEIT 60 MINUTEN // RUHEZEIT MINDESTENS 6 STUNDEN
FÜR 1 GROSSE BACKFORM

500 g Spinatblätter ohne Wurzeln
(am besten eingeschweißt)
300 g Zucchini
2 Frühlingszwiebeln
90 g entsteinte schwarze Oliven
ca. 30 g Petersilienblättchen
20 g Dillspitzen
4 EL Olivenöl sowie etwas zum Einfetten
der Form und zum Bestreichen der Pita
1 großzügige Prise Muskatnuss
Salz
1 Prise Kräutersalz
schwarzer Pfeffer aus der Mühle
70 g Weichweizengrieß
2 Rollen veganer Blätterteig (je 275 g;
aus der Kühltheke)

Außerdem
1 runde Backform
(Ø 27 cm, 5 cm hoch)

TIPP   *Es kommt sehr auf die richtige*
Würzung an: Bitte keine Angst vor
Muskatnuss und Salz! Ich verwende
zusätzlich noch etwas Kräutersalz, das
gibt eine schöne würzige Note.

1 Den **Spinat** waschen, trocken schleudern und mit einem Küchentuch gut trocknen. Mit einem Messer in nicht zu feine Streifen schneiden. **Zucchini** waschen, halbieren und ebenfalls in feine Scheiben schneiden. **Frühlingszwiebeln** waschen, putzen und in feine Scheiben schneiden. **Oliven** abtropfen lassen und halbieren. 2 Spinat, Zucchini, Frühlingszwiebeln, gewaschene und abgetupfte **Petersilie** sowie **Dill** in eine sehr große Schüssel geben. Mit den Händen gut vermengen. **Olivenöl** hinzufügen und nochmals vermengen. Mit **Muskatnuss, Salz, Kräutersalz** und **Pfeffer** würzen. **Weichweizengrieß** und Oliven hineingeben und wieder mit den Händen alles durchmischen. 3 Backform mit etwas **Olivenöl** einfetten. Mit einer **Blätterteigrolle** den Boden der Form komplett bedecken und auch die Ränder auskleiden. Dabei den Teig passend zurechtschneiden und überhängende Teigstücke abschneiden. Spinatmasse gleichmäßig in die Form geben. Mit dem zweiten, wieder passend zurechtgeschnittenen Teigstück komplett bedecken. Die Oberseite mit etwas **Olivenöl** bestreichen. Den Backofen auf 190 °C Ober-/Unterhitze (170 °C Umluft) vorheizen. 4 Die Pita ca. 45 Minuten in den Ofen schieben. Gegen Ende der Backzeit eine Garprobe machen: mit einem Messer am Rand der Form entlangfahren und prüfen, ob sich der Boden von der Form anheben lässt – wenn ja, ist die Pita fertig. Sonst noch ein paar Minuten nachbacken. Aus dem Ofen nehmen und in der Form mindestens 6 Stunden auskühlen lassen, damit sich die Masse schön zusammenzieht und fest wird.

Lovely
DRINKS

Creamy Coffee Shake

ZUBEREITUNGSZEIT 10 MINUTEN
FÜR 2 PERSONEN

100 ml kalter Filterkaffee

300 ml Mandelmilch

½ Avocado, geschält und ohne Kern

1 EL Kakaopulver

½ TL Zimt

1 Prise Salz

4 EL Ahornsirup

½ Banane, geschält

80 g Eiswürfel und einige
    zum Servieren

1 Die **Banane** in kleine Stücke brechen und mit allen anderen **Zutaten** in einen starken Standmixer geben. Durchmixen, bis eine cremige Konsistenz entstanden ist. In zwei Gläser gießen und die **Eiswürfel** hineingeben. **2** Sofort genießen.

Erdbeersünde

ZUBEREITUNGSZEIT 10 MINUTEN
FÜR 2 PERSONEN

400 g Erdbeeren

220 g Sojajoghurt

100 g Soja-Schlagcreme (Soyatoo)

5 EL Agavendicksaft

Blaubeeren zum Toppen

1 **Erdbeeren** waschen und trocken tupfen. Das Grün entfernen, und die Erdbeeren halbieren. Die halbierten Erdbeeren in einen Standmixer geben und mit **Sojajoghurt, Soja-Schlagcreme** sowie **Agavendicksaft** cremig mixen. **2** In zwei Gläser gießen und mit **Blaubeeren** toppen.

TIPPS   *Die Qualität der Erdbeeren entscheidet über den Geschmack des Drinks, also am besten zur Saison nur einwandfreie Früchte von heimischem Freiland verwenden.*
Der Drink ist im Übrigen sehr dickflüssig und cremig und kann schon fast gelöffelt werden. Er bildet auch eine gute Grundlage für eine Smoothie Bowl. Einfach in eine tiefe Schüssel füllen und mit Früchten, Nüssen, gepufftem Amaranth etc. toppen.

Grapefruit Glow

150 ml frisch gepresster Grapefruitsaft

450 ml Mineralwasser mit Kohlensäure

1 EL Zitronensaft

2 EL Agavendicksaft

10 Eiswürfel, 10 Gurkenscheiben sowie
2 Minzstiele zum Garnieren

1 **Grapefruitsaft, Mineralwasser, Zitronensaft** und **Agavendicksaft** mixen. **2** Gläser mit **Eiswürfeln, Gurkenscheiben** und der **Minze** (Blätter nicht abzupfen) füllen. Mit dem Saft auffüllen. Sofort genießen.

TIPP *Die Grapefruit ist eine wahre Fitnessfrucht mit viel Vitamin C und dem natürlichen Farbstoff Lycopin, der antioxidativ wirkt. Die enthaltenen Bitterstoffe sind magen- und darmfreundlich und unterstützen die Fettverdauung. Pur ist mir die Grapefruit zu bitter, aber in diesem sommerlich leichten Fitnessdrink schmeckt sie erfrischend lecker.*

Gurken-Lassi

ZUBEREITUNGSZEIT 10 MINUTEN
FÜR 2 PERSONEN

400 ml Sojajoghurt

160 g Gurke, geschält

2 TL geschälter, frisch gehackter Ingwer

6 g Minzblätter

2 EL Olivenöl

Salz

schwarzer Pfeffer aus der Mühle

1 Den **Sojajoghurt** in einen Standmixer geben. Die **Gurke** vierteln und den wässrigen Innenteil mit einem kleinen Löffel ausschaben. Gurke, **Ingwer,** gewaschene und trocken getupfte **Minze** und **Olivenöl** zum Joghurt geben. Zu einer cremigen Masse mixen und mit **Salz** und **Pfeffer** würzen. **2** Sofort genießen.

TIPPS   *Lassi ist ein indisches Joghurtgetränk. Das ist herzhaft und erfrischt nach dem Sport. Nicht mit Salz sparen, da der Sojajoghurt von Natur aus leicht süßlich schmeckt und der Drink eine kräftige Note bekommen soll. Die Gurke enthält viel Wasser, deshalb entferne ich den wässrigen Innenteil, damit der Drink schön cremig wird.*

Mint Chocolate Drink

ZUBEREITUNGSZEIT 10 MINUTEN
FÜR 2 PERSONEN

1 kleine reife Banane

8 g Minzblätter

400 ml Reisdrink

30 g Kokoscreme

80 g veganes Schokoladeneis und
    2 Kugeln zum Garnieren

1 EL Agavendicksaft

1 Die **Banane** schälen und in kleine Stücke brechen. Die **Minze** waschen und trocken tupfen. Beides mit **Reisdrink, Kokoscreme, Schokoladeneis** und **Agavendicksaft** in einen Standmixer geben. Zu einer cremigen Masse mixen. **2** In zwei Gläser gießen und je eine **Schokoladeneiskugel** aufsetzen. Sofort genießen.

TIPPS   *Kokoscreme findest du im Bioladen. Sie heißt auch Creamed Coconut pur. Das vegane Schokoladeneis findest du auch im Bioladen, zum Beispiel von SoYeah. Der Geschmack des Drinks erinnert mich immer an After Eight – lange ist es her!*

Kiwi-Apfel-Smoothie

♥

ZUBEREITUNGSZEIT 10 MINUTEN
FÜR 2 PERSONEN

2 Äpfel (ca. 240 g)

1 Kiwi

½ Avocado ohne Kern

ca. 1 cm Ingwer

5 g Minzblätter und einige zum Garnieren

2 EL Agavendicksaft

100 g Zitronensorbet zum Toppen

1 **Äpfel** schälen, halbieren und das Kerngehäuse entfernen. **Kiwi** schälen und halbieren. **Avocado** schälen. **Ingwer** schälen und grob hacken. **Minze** waschen und trocken tupfen. Alle Zutaten mit **Agavendicksaft** in einen Standmixer geben und mixen. **2** Smoothie in zwei Gläser gießen und je eine Kugel **Zitronensorbet** hineinsetzen. Mit **Minzblättern** garnieren.

TIPPS *Die Kiwi sollte schön reif sein, dann schmeckt sie süß und aromatisch. Beim Kaufen einfach den Drucktest machen: Wenn sie sich leicht eindrücken lässt, ist sie reif.*
Bei der Avocado ist es nicht ganz so leicht. Zuerst achte auf die Farbe, denn vollständig grüne Früchte sind meist noch zu hart. Ich habe einmal getestet, ob eine grüne Avocado zu Hause nachreift – noch nach Tagen war sie unverändert. Also sollte man Avocados aussuchen, die schon etwas dunkel, fast schwarz sind. Der Drucktest ist auch hier angebracht: Wenn sich die Frucht ganz leicht eindrücken lässt, ist sie schon teilweise zu reif und weist verfaulte Stellen im Inneren auf. Sie sollte also ein bisschen weich sein, aber nicht sehr weich. Probiere es mal aus, Übung macht den Meister.

Kurkuma-Supermilk

ZUBEREITUNGSZEIT 8 MINUTEN
FÜR 2 PERSONEN

500 ml Mandelmilch

1 cm Ingwer

½ TL Zimt

1 TL Kurkuma

1 Msp. Cayennepfeffer

2 EL Agavendicksaft

1 EL frisch gepresster Orangensaft

1 **Mandelmilch** in einen kleinen Topf gießen. **Ingwer** schälen und fein hacken. Ingwer, **Zimt, Kurkuma** und **Cayennepfeffer** zur Mandelmilch geben und mit einem Rührbesen schaumig schlagen. Das Ganze bei kleiner Hitze zum Kochen bringen. Mit **Agavendicksaft** und **Orangensaft** abschmecken. **2** Supermilk mit einem Stabmixer schaumig pürieren. In zwei Gläser gießen und sofort genießen.

„Essen ist ein Bedürfnis,
Genießen ist eine Kunst."

François de La Rochefoucauld

TIPP *Ein Getränk für kalte Wintertage. Kurkuma sorgt für die leuchtend gelbe Farbe und ist ein wahres Supergewürz, das nicht umsonst in der ayurvedischen Küche vielfach zum Einsatz kommt.*

Piña Colada in love with Chia

ZUBEREITUNGSZEIT 35 MINUTEN
FÜR 2 PERSONEN

3 EL Chiasamen

200 ml Reismilch

400 g Ananasfruchtfleisch

1 reife Banane

150 ml Kokosmilch

100 ml Sojajoghurt

2 EL Agavendicksaft

① **Chiasamen** in eine kleine Schüssel geben und mit **Reismilch** übergießen. Von Zeit zu Zeit umrühren und ca. 30 Minuten quellen lassen. ② In der Zwischenzeit das **Ananasfruchtfleisch** in kleine Würfel schneiden. Die **Banane** schälen und in kleine Stücke brechen. Ananas- und Bananenstücke im Standmixer mit **Kokosmilch, Sojajoghurt** und **Agavendicksaft** cremig mixen. ③ Das Chiagel auf zwei Gläser verteilen und dann mit der Piña Colada aufgießen. ④ Optional den Rand der Gläser mit einem Ananasstück und einer Himbeere verzieren.

TIPPS   *Dieser fruchtige Drink erfrischt mich an lauen Sommertagen. Mit einem breiten Strohhalm genießen, dann kommt Bubble-Tea-Feeling auf – allerdings in der gesunden Variante.*
Die Piña Colada gleich genießen, die Kokosmilch kippt schnell um.

Rosmarin-Zitronen-Limo

ZUBEREITUNGSZEIT 30 MINUTEN
FÜR 500 ML

4 Rosmarinzweige

300 ml Zucker

8 g Ingwer

4 Scheiben von 1 unbehandelten Zitrone

440 ml kaltes Mineralwasser mit
  Kohlensäure

2 EL Zitronensaft

3 EL Agavendicksaft

1 Erst den Rosmarinsirup herstellen: drei **Rosmarinzweige** waschen und trocken tupfen. Die Rosmarinnadeln von den Zweigen streifen und mit 300 ml Wasser und **Zucker** unter Rühren in einem kleinen Topf aufkochen. Dann bei mittlerer Hitze 10 Minuten köcheln lassen. Den Topf vom Herd nehmen und abkühlen lassen. Das Gemisch durch ein feines Sieb gießen und in eine kleine Glasflasche abfüllen. **2** Den verbliebenen **Rosmarinzweig** waschen und trocken schütteln. **Ingwer** in Scheiben schneiden. **Zitronenscheiben,** Rosmarinzweig und Ingwerscheiben in eine Glasflasche mit breiter Öffnung (500 ml Fassungsvermögen) geben. Mit **Mineralwasser, Zitronensaft, Agavendicksaft** und 3 EL Rosmarinsirup auffüllen. Den Deckel zuschrauben und gut schütteln. Eventuell noch in den Kühlschrank stellen oder sofort genießen. (Achtung vor der Kohlensäure beim Öffnen!)

TIPPS   *Der Rosmarinsirup hält sich in der verschlossenen Flasche ein paar Wochen im Kühlschrank. Man braucht davon für dieses Rezept nur einen Teil und hat somit für später bereits eine schnell verfügbare Grundlage.*
Der Sirup ist übrigens auch lecker im Tee. Cocktails lassen sich damit ebenfalls verfeinern.

Seidentofu-Bananen-Smoothie

ZUBEREITUNGSZEIT 10 MINUTEN
FÜR 4 PERSONEN

400 g Seidentofu

300 ml Sojamilch

2 reife Bananen

50 g Datteln

65 g Erdnussmus

1 Prise Salz

5 EL Agavendicksaft

1 TL Zimt

2 TL Kakaopulver

1 **Seidentofu** und **Sojamilch** in einen starken Standmixer geben. **Bananen** schälen, in kleine Stücke brechen und dazugeben. **Datteln** in kleine Stücke schneiden und hinzufügen. Alles mixen. Restliche **Zutaten** hineingeben und erneut mixen, bis eine cremige Konsistenz entstanden ist. In Gläser gießen und sofort genießen.

TIPP *Seidentofu bitte nicht mit normalem Tofu verwechseln! Der Seidentofu hat keine feste Konsistenz, sondern ist weich und cremig. Deshalb eignet er sich besonders gut zur Herstellung von Smoothies und Lassis. Er versorgt dich mit einer guten Portion Eiweiß.*

Süße

Leckereien

➤➤➤➤ ➤ ♥ ◄ ◄◄◄◄

Chocolate Brownies

ZUBEREITUNGSZEIT 45 MINUTEN
FÜR CA. 12 STÜCKE

Brownies

200 g getrocknete und entsteinte
    Pflaumen
150 g Walnusskerne
130 g getrocknete Cranberrys
100 g blanchierte und gestiftelte
    Mandelkerne
50 g Kokosöl
30 g (reines) Kakaopulver
1 TL Zimt
2 EL Ahornsirup

Ganache

200 g Zartbitterschokolade
100 ml Mandelmilch
50 g Kokosöl
1 EL Agavendicksaft

Außerdem

1 Kuchenblech (ca. 20,5 × 24 cm,
    5 cm hoch)
Mandelkerne zum Garnieren

1 Für die Brownies die **Pflaumen** in kleine Stücke schneiden, die **Walnusskerne** hacken. Mit den restlichen **Zutaten** in einen starken Standmixer geben und mixen. 2 Die Masse auf einem mit Backpapier ausgelegten Kuchenblech verteilen und kühl stellen. 3 Für die Ganache die **Zartbitterschokolade** in kleine Stücke brechen. **Mandelmilch** und **Kokosöl** in einen kleinen Topf geben. Bei kleiner Hitze aufkochen lassen. Zartbitterschokolade hinzufügen und mit einem Schaumbesen unter die Mandelmilch heben, bis sich die Schokolade vollständig aufgelöst hat. Den **Agavendicksaft** einrühren. Topf zur Seite stellen und 10 Minuten abkühlen lassen. Dann die Ganache 15 Minuten in den Tiefkühler stellen. 4 Brownie-Masse mit der Ganache bestreichen. Nochmals 5 Minuten in den Tiefkühler stellen. Dann in kleine Stücke schneiden und mit **Mandelkernen** verzieren.

„Allem kann ich widerstehen,
nur der Versuchung nicht.“

Oscar Wilde

Gekühlte Bananen-Nugat-Creme

ZUBEREITUNGSZEIT 5 MINUTEN // KÜHLZEIT 12 STUNDEN
FÜR 2 PERSONEN

2 Bananen, geschält und im
   Tiefkühler gut tiefgefroren

150 g gesüßte Soja-Schlagcreme
   (Soyatoo), gekühlt

70 g vegane Nuss-Nugat-Creme

100 g Brombeeren

2 EL Kakaonibs zum Garnieren

1 Die gefrorenen **Bananen** in einen starken Standmixer geben. Die **Soja-Schlagcreme** und die **Nuss-Nugat-Creme** hinzufügen und alles zu einer cremigen Masse mixen. **2** Die **Brombeeren** waschen und behutsam trocken tupfen. Die Bananenmasse in zwei Schälchen geben und mit je 50 g Brombeeren und 1 EL **Kakaonibs** toppen. Sofort genießen.

TIPPS   *Die Bananen schälen und in Backpapier einschlagen, weil sie daran nicht festkleben. Dann am besten über Nacht in den Tiefkühler geben. Ich friere immer gleich mehrere Bananen ein und verwende sie auch zur Herstellung von kühlen Smoothies.*
Wenn dein Mixer nicht so leistungsstark ist, schneide die Bananen vor dem Einfrieren in Scheiben.

Halvas

ZUBEREITUNGSZEIT 20 MINUTEN // RUHEZEIT 2 STUNDEN
FÜR 2 PERSONEN

Gewürzsirup

90 g Zucker

1 Zimtstange

½ Vanilleschote, längs halbiert

1 Sternanis

3 Nelken

etwas abgeriebene Schale von
    1 unbehandelten Zitrone

Grieß

15 g Margarine

2 EL Olivenöl

65 g Weichweizengrieß

1 Msp. Zimt

15 g Rosinen

25 g gehackte Walnusskerne

1 Prise Zimt zum Bestreuen

1 Für den Gewürzsirup einen kleinen Topf mit 250 ml Wasser aufsetzen. **Zucker, Zimtstange, Vanilleschote, Sternanis, Nelken** und **Zitronenschale** hineingeben. Mit aufgelegtem Deckel bei hoher Hitze 3–4 Minuten kochen lassen. Den Sirup vom Herd nehmen, zugedeckt lassen. **2** Für den Grieß in einem zweiten Topf **Margarine** bei kleiner Hitze erhitzen, bis sie nicht mehr spritzt, und dann das **Olivenöl** mit erhitzen. Den **Grieß** dazugeben und bei mittlerer Hitze unter ständigem Rühren ca. 6 Minuten gelbbraun anrösten. Mit **Zimt** würzen. Den Topf vom Herd nehmen. **3** Den Sirup durch ein Sieb gießen und in einer Schüssel auffangen. Mit den **Rosinen** zur Grießmasse geben. Wieder auf die Herdplatte stellen und bei mittlerer Hitze ständig durchrühren, bis eine feste Masse entsteht. Den Topf vom Herd nehmen. **4** **Walnusskerne** unterheben. Die Masse in eine kleine runde Schüssel geben und eine Prise **Zimt** aufstreuen. Mit einem frischen Küchentuch bedecken und mindestens 2 Stunden ruhen lassen. **5** Auf einen Teller stürzen, anschneiden und genießen.

TIPP   *Das ständige Rühren ist bei diesem Gericht sehr wichtig: Achte darauf, dass der Grieß nicht anbrennt!*

Mug Cakes black and white

♥

ZUBEREITUNGSZEIT 5 MINUTEN
FÜR JE 1 MUG CAKE

Schoko-Mug-Cake

4 EL Mehl

¼ TL Natron

2 EL Kakaopulver

2 EL Zucker

1 Prise Salz

5 EL Sojadrink Vanille

2 EL Sonnenblumenöl

4 Stückchen Zartbitterschokolade
   (oder 1 EL Sonnenblumenöl und
   1 TL vegane Nuss-Nugat-Creme)

Vanille-Mug-Cake

4 EL Mehl

¼ TL Natron

2 EL Zucker

1 Prise Salz

1 Msp. Bourbon-Vanillepulver

5 EL Sojadrink Vanille

1 EL Sonnenblumenöl

1 EL Kokos-Mandel-Creme

2 Stückchen weiße vegane
   Schokolade zum Toppen

1 Für die Schoko-Variante alle **Zutaten** bis auf die Schokostückchen mit einem Esslöffel in einer kleinen Schüssel verrühren. Die Hälfte des Teiges in eine mikrowellengeeignete Tasse geben, Zwei **Schokostückchen** mittig platzieren und den Rest des Teiges darübergeben. Mit den restlichen **Schokostückchen** toppen. Für die Vanille-Variante ebenfalls alle **Zutaten** verrühren. Die Masse komplett in die mikrowellengeeignete Tasse geben und mit den weißen **Schokostückchen** toppen. Dann in der Mikrowelle bei 600 Watt 1 Minute backen. **2** Behutsam aus der Mikrowelle nehmen. Warm aus der Tasse löffeln.

TIPPS *Ich bin zwar kein Freund der Mikrowellentechnik, aber für diese leckeren Mug Cakes mache ich gern eine Ausnahme. Ich habe hier bewusst Grundrezepte dargestellt. Du kannst sie nach Lust und Laune beispielsweise mit frischen Beeren und anderen Schokoladensorten variieren.*

Da jede Mikrowelle etwas anders funktioniert, fallen die Ergebnisse leicht unterschiedlich aus. Nur ein paar Sekunden längeres Backen können den Teig schon fester machen. Also probiere erst einmal ein paar Mug Cakes aus, bis du weißt, wie es läuft.

Pflaumen-Muffins mit Streuseln

ZUBEREITUNGSZEIT 20 MINUTEN
BACKZEIT 30 MINUTEN // RUHEZEIT CA. 1 STUNDE
FÜR 6 MUFFINS

Teig

130 g Mehl

2 TL Backpulver

70 g Zucker

1 Prise Salz

1 Prise Bourbon-Vanillepulver

30 g blanchierte und gestiftelte Mandeln

50 g ungesüßtes Apfelmus

3 EL Sojamilch

40 g Sonnenblumenöl

3 Pflaumen

Streusel

40 g Mehl

40 g Zucker

1 Prise Salz

½ TL Zimt

40 g kalte Margarine

Topping

200 ml gesüße Soja-Schlagcreme
   (Soyatoo), gut gekühlt

1 Pck. pflanzlicher Sahnestand

1 EL blanchierte, gehackte Mandelkerne

Außerdem

6er-Muffinblech und Muffinförmchen
   aus Papier

1 Für den Teig **Mehl** und **Backpulver** in einer großen Schüssel vermengen. **Zucker, Salz, Bourbon-Vanillepulver, Mandeln, Apfelmus** und **Sojamilch** hinzufügen und alles vermischen. **Sonnenblumenöl** dazugeben und alles zu einem glatten Teig verrühren. **2** **Pflaumen** waschen, abtrocknen und halbieren. Den Kern entfernen. In die Mulden eines Muffinblechs Muffinförmchen aus Papier stecken. Den Teig gleichmäßig in den Förmchen verteilen. Jeweils eine halbe Pflaume mit der Schale nach unten auf den Teig drücken. **3** Für die Streusel **Mehl, Zucker, Salz** und **Zimt** in eine Schüssel geben und verrühren. **Margarine** in Stückchen dazugeben und alles mit den Händen kurz durchkneten. Nach und nach mit den Händen etwas Teig abbröseln und die Streusel auf den Muffins verteilen. Den Ofen auf 170 °C Ober-/Unterhitze (150 °C Umluft) vorheizen. Das Muffinblech ca. 30 Minuten in den Ofen schieben. Muffinblech herausnehmen und die Muffins im Papier mindestens 1 Stunde abkühlen lassen. **4** Für das Topping in der Zwischenzeit die **Soja-Schlagcreme** mit dem **Sahnestand** nach Packungsanweisung aufschlagen. In den Kühlschrank stellen. Sobald die Muffins abgekühlt sind, mithilfe eines Teelöffels aus dem Blech heben. Die Sahne in einen Spritzbeutel füllen und die Muffins damit krönen. Mit **Mandelkernen** bestreuen.

Schnelle Erdbeertorte

ZUBEREITUNGSZEIT 50 MINUTEN // KÜHLZEIT 30 MINUTEN
FÜR 1 TORTE

100 g Cornflakes

100 g blanchierte Mandelblättchen

100 g Crunchy-Müsli

200 g weiße vegane Schokolade

50 g Kokosöl

300 ml gesüßte Soja-Schlagcreme
 (Soyatoo), gut gekühlt

550 g Erdbeeren

70 g Himbeeren

30 g blanchierte und gehackte
 Mandelkerne

Außerdem

1 Springform (Ø 26 cm)

1 **Cornflakes, Mandelblättchen** und **Crunchy-Müsli** in eine große Schüssel füllen und mischen. Die Hälfte davon im Standmixer nur so kurz mixen, dass noch etwas Struktur erhalten bleibt. Die Mischung zurück in die Schüssel geben und die Knuspermasse mit den Händen vermengen. **2** Die weiße **Schokolade** in kleine Stücke brechen und in einem Wasserbad bei kleiner Hitze schmelzen lassen (Tipp S. 183). Das **Kokosöl** ebenfalls in einem Wasserbad zum Schmelzen bringen. Die Hälfte der geschmolzenen Schokolade und das geschmolzene Kokosöl zur Knuspermasse geben und alles vermengen. **3** Den Boden der Springform mit Backpapier belegen und den Rahmen fest aufsetzen. Das überlappende Backpapier abschneiden. Die Knuspermasse auf dem Boden der Springform verteilen, gut andrücken und 15 Minuten in den Tiefkühler stellen. In der Zwischenzeit die **Soja-Schlagcreme** in einem Rührgefäß steif schlagen und die andere Hälfte der geschmolzenen Schokolade behutsam unterheben. In den Kühlschrank stellen. **4** Die **Erdbeeren** putzen, waschen, trocken tupfen und in Scheiben schneiden. Die **Himbeeren** waschen und auf Küchenpapier abtropfen lassen. Die Springform aus dem Tiefkühler und die aufgeschlagene Sahne aus dem Kühlschrank nehmen. Circa Dreiviertel der Sojasahne auf dem Knusperboden mit etwas Abstand zum Rand verteilen. Mit Erdbeerscheiben bedecken. Auf den Erdbeerscheiben den Rest der Sojasahne verteilen und einen Rand lassen. Wiederum Erdbeerscheiben auf der Sojasahne verteilen. Himbeeren obenauf setzen. Mit den **Mandelkernen** bestreuen. Dann in den Tiefkühler geben und 30 Minuten fest werden lassen.

TIPPS *An dieser Torte mag ich, dass der Boden nicht gebacken werden muss. Einzelne Zutaten sollten gut gekühlt sein, damit die Torte schön fest wird. Nach dem Anschneiden kannst du die Torte ca. 2 Tage im Kühlschrank aufbewahren.*

Schoko-Zucchini-Kuchen

ZUBEREITUNGSZEIT 20 MINUTEN
BACKZEIT 1 STUNDE // RUHEZEIT MEHRERE STUNDEN
FÜR 1 KUCHEN

Teig

250 g Mehl

1 Pck. Backpulver

270 g Zucker

1 Prise Salz

1 Msp. Bourbon-Vanillepulver

2 TL Kakaopulver

1 EL Sojamehl

100 g gemahlene Haselnüsse

100 g Zartbitterschokolade, geraspelt

110 g Möhren, geraspelt

200 g Zucchini, geraspelt

150 ml Sonnenblumenöl

Kokosöl zum Einfetten

Glasur

200 g Zartbitterschokolade

25 g Kokosöl

30 g Haselnusskrokant zum Garnieren

Außerdem

1 Springform (Ø 26 cm)

1 Für den Teig **Mehl** und **Backpulver** in einer großen Schüssel vermengen. **Zucker, Salz, Bourbon-Vanillepulver, Kakaopulver, Sojamehl, Haselnüsse** und **Schokoladenraspel** hineinmischen. **Möhren, Zucchini** und **Sonnenblumenöl** dazugeben und alles zu einem glatten Teig verrühren. **2** Den Backofen auf 170 °C Ober-/ Unterhitze (150 °C Umluft) vorheizen. Den Boden der Springform mit Backpapier belegen und den Rahmen fest aufsetzen. Überlappendes Backpapier abschneiden. Den Innenrand der Form mit etwas **Kokosöl** einreiben. Die Teigmasse gleichmäßig in die Form füllen. In den Backofen schieben und 1 Stunde backen. Herausnehmen und in der Form ein paar Stunden abkühlen lassen. **3** Für die Glasur die **Zartbitterschokolade** in kleine Stücke brechen und dann in einem Wasserbad (siehe Tipp) bei kleiner Hitze schmelzen lassen. **Kokosöl** zur geschmolzenen Schokolade geben und so lange rühren, bis sich das Kokosöl mit der Schokolade zu einer homogenen Masse verbunden hat. **4** Die Glasur über den Kuchen gießen und glatt streichen. Abkühlen lassen. **Haselnusskrokant** gleichmäßig auf die Glasur streuen. Den Kuchen 30–45 Minuten in den Tiefkühler geben. Herausnehmen und bei Zimmertemperatur aufbewahren.

TIPP *Für das Wasserbad einen kleinen Topf mit Wasser füllen und eine etwa gleich große Metallschüssel auf das Wasser setzen, sodass diese auf dem Wasser schwimmt. Die Schokolade wird dann in der Metallschüssel zum Schmelzen gebracht.*

Superfood-Bowl de luxe

ZUBEREITUNGSZEIT 10 MINUTEN
FÜR 1 BOWL (1 PORTION)

1 frische Feige

1 Kiwi

2 kleine reife Bananen

3 Pflaumen

1 Açaí-Juicepad (100 g)

45 g Cashewmus

45 g Basismüsli

80 ml Reismilch

1 EL Reissirup

3 EL Crunchy-Müsli

100 g Brombeeren

1 EL Gojibeeren

1 EL blanchierte und gehobelte
    Mandelkerne

optional Reissirup zum Beträufeln

½ TL Matcha und 1 Johannisbeerrispe
    (falls verfügbar) zum Garnieren

1 **Feige** schälen und vierteln, die **Kiwi** schälen und in Scheiben schneiden. Die **Bananen** schälen. **Pflaumen** waschen und mit einem kleinen Messer die Haut abziehen. Halbieren und den Kern entfernen. Das **Açaí-Juicepad** aus dem Tiefkühler nehmen und kurz unter warmes Wasser halten. In der Mitte durchbrechen und mit einem scharfen Messer in der Mitte aufschneiden. Das enthaltene Fruchtpüree, eine Banane, **Cashewmus, Basismüsli, Reismilch,** Pflaumenhälften und **Reissirup** in einen starken Standmixer geben und zu einer cremigen Masse mixen. **2** Die Masse in eine tiefe Bowl (Schüssel) geben und mit **Crunchy-Müsli** toppen, dabei einen Rand lassen. Die zweite Banane in Scheiben schneiden und mittig auf dem Crunchy-Müsli verteilen. **Brombeeren** waschen, trocken tupfen und um die Bananen legen. Die Feigenviertel fächerförmig über den Bananen verteilen, die Kiwi zwischen den Feigenvierteln anordnen. Mit **Gojibeeren** und **Mandelkernen** bestreuen. Optional noch **Reissirup** aufträufeln. **3** **Matcha** in ein kleines Teesieb geben und die Bowl damit leicht bestäuben. Die **Johannisbeerrispe** waschen, trocken tupfen und seitlich zur Garnierung drapieren.

TIPPS *Okay, ich gebe zu, dass ich eine solche Bowl auch nicht regelmäßig esse. Aber es gibt besondere Tage, an denen ich mir etwas Gutes tun möchte. Diese Komposition verwöhnt deinen Körper mit Superfoods de luxe – und das Auge hat auch etwas davon. Stelle dir deine persönliche Bowl mit deinen Lieblingsfrüchten zusammen und genieße sie in Ruhe.*
Alle Zutaten findest du wie immer im gut sortierten Bioladen oder in Online-Shops.

Weiße Schokomousse mit kandiertem Ingwer

ZUBEREITUNGSZEIT 20 MINUTEN
FÜR 2 PERSONEN

100 g weiße Reismilchschokolade

300 ml Soja-Schlagcreme (Soyatoo),
    gut gekühlt

50 g kandierter Ingwer

1 Die **Reismilchschokolade** in kleine Stücke brechen und im Wasserbad bei kleiner Hitze schmelzen lassen (Tipp S. 183). **2** Die gut gekühlte **Soja-Schlagcreme** in einem Rührgefäß steif schlagen. Die geschmolzene Schokolade behutsam unterheben. Die Masse ca. 12 Minuten in den Tiefkühler stellen. **3** In der Zwischenzeit den kandierten **Ingwer** in kleine Stücke schneiden. Die Masse aus dem Tiefkühler nehmen, den Ingwer hinzufügen und alles gut vermengen.

TIPPS   *Wenn du die Reismilchschokolade nicht im Bioladen findest, bekommst du sie von einem Online-Versender. Wichtig: Die Soja-Schlagcreme, die ohnehin im Kühlschrank gelagert wird, sollte vor dem Aufschlagen unbedingt mindestens 1 Stunde im Kühlschrank gewesen sein. Aus diesem Grund habe ich immer einen Vorrat davon im Kühlschrank.*
Bei Soja-Unverträglichkeit empfiehlt sich die Rice Whip.

Index

Danke schön!

Leider lässt sich eine wahrhafte Dankbarkeit mit Worten nicht ausdrücken, das wusste schon Johann Wolfgang von Goethe. Trotzdem gibt es noch ein paar Worte dazu von mir.

Liebe Leserin, lieber Leser, wenn du mein Buch bis zum Ende durchgelesen und jetzt Lust aufs Kochen hast, dann bin ich sehr glücklich, denn ich wünsche mir, dass du genauso viel Spaß beim Zubereiten der Speisen und Getränke hast wie ich. Und die Gaumenfreude wird auch noch einmal für Glücksgefühle sorgen. Danke für deine Offenheit und deine Neugier auf meine vegane Kochwelt!

Aus tiefstem Herzen danke ich meiner **Mutter** und meinem **Vater,** die immer hinter mir stehen – egal, wie steinig der Weg gerade ist. Ich liebe euch, ihr seid die besten Eltern!

Danke, **Jannis,** family for life!

Meinen Freunden danke ich für ihre zahlreichen Tipps, ihre Ratschläge und die offenen Ohren für meine Projekte.

Danke, **Attila,** du bist der Wegbereiter dieser neuen veganen Bewegung. Dein Enthusiasmus und dein Wille, deine Visionen in die Wirklichkeit umzusetzen, motivieren mich. Dank gebührt dir, **Ralf,** dass du den Mut hattest, vegane Kochbücher ins Programm aufzunehmen, als alle anderen darin nur eine Randerscheinung sahen. Danke, **Johanna,** ich schätze dein Organisationstalent. Danke, **Justyna** und **Philine,** es ist mir eine Freude, mit euch zu shooten. Deine Porträtfotos sind so natürlich und authentisch, Justyna, ich bin ein großer Fan deiner Kunst. Danke, **Katharina,** deine Kreativität gibt diesem Buch Esprit und Charme. Danke, **Ellen,** für deine tolle Arbeit bei Bildbearbeitung und Lithografie. Ein großes Dankeschön geht auch an meinen Food-Fotografen **Klaus Arras** und die Food-Stylistin **Katja Briol.** Ein Kochbuch lebt von den Food-Fotos und ihr habt jede Menge Leben und Stimmung hineingebracht. Danke an mein Lektorat! Danke an das gesamte BJVV-Team – was lange währt, wird gut!

Impressum

Originalausgabe Becker Joest Volk Verlag GmbH & Co. KG
Bahnhofsallee 5, 40721 Hilden, Deutschland
© 2016 – alle Rechte vorbehalten
1. Auflage Juli 2016
ISBN 978-3-95453-099-1

REZEPTE UND TEXTE // Dimitria Nacos
(www.dimitrianacos.com, www.instagram.com/dimitria_nacos)
FOOD-FOTOGRAFIE // Studio Klaus Arras
FOOD-STYLING // Katja Briol
PROP-STYLING // Bettina Bormann
PORTRÄTS // Dipl.-Des. Justyna Krzyżanowska
FOTO-ASSISTENZ // Philine Anastasopoulos
VISAGISTIN // Mareike Thelen
PROJEKTLEITUNG // Johanna Hänichen
BUCHGESTALTUNG // Dipl.-Des. Katharina Staal,
Dipl.-Des. Justyna Krzyżanowska
BILDBEARBEITUNG, LITHOGRAFIE // Ellen Schlüter,
Makro Chroma Joest & Volk OHG, Werbeagentur
LEKTORAT REZEPTE // Martin Lagoda
LEKTORAT // Doreen Köstler
DRUCK // Mohn Media Mohndruck GmbH

PRAKTISCH

Die Einkaufslisten zu den Rezepten aus diesem Buch kannst du unter
www.bjvvlinks.de/8026 für die gewünschte Personenzahl berechnen
und für deinen Einkauf ausdrucken.

BECKER
JOEST
VOLK
VERLAG

www.bjvv.de